LE RÉALISME SPIRITUEL
DE
THÉRÈSE DE LISIEUX

VICTOR SION

LE RÉALISME SPIRITUEL DE THÉRÈSE DE LISIEUX

Édition revue et corrigée

Préface de Mgr Guy Gaucher
Évêque auxiliaire émérite de Bayeux et Lisieux

Trésors du christianisme

LES ÉDITIONS DU CERF
www.editionsducerf.fr
PARIS
2009

Imprimé en France

© *Les Éditions du Cerf*, 1986
www.editionsducerf.fr
(29, boulevard La Tour-Maubourg
75340 Paris Cedex 07)
ISBN : 978-2-204-08696-7

PRÉFACE

Il est des petits livres qui sont sans apparence et ne font guère de bruit, mais qui, riches d'une forte substance, nourrissent des générations de lecteurs. Ainsi *L'Abandon à la Providence divine* du jésuite Jean-Pierre de Caussade, *Sagesse d'un pauvre* du franciscain Eloi Leclerc ou ce *Réalisme spirituel de Thérèse de Lisieux* du Père Victor Sion, carme. Edité chez Lethielleux (1956), traduit en cinq langues, repris en « Foi Vivante » (1972), voici une nouvelle édition rendue nécessaire par la demande insistante de lecteurs déçus de ne plus trouver ce classique en librairie.

Toute sa vie, le Père Victor a médité les textes de Thérèse de l'Enfant-Jésus et de la Sainte-Face. Son être profond les a assimilés. Dès 1940, Mère Agnès de Jésus (Pauline Martin) le recevait au parloir du Carmel de Lisieux comme jeune maître des novices et lui donnait comme « consigne » : « La confiance, rien que la confiance qui conduit à l'amour... » puis, après un silence, elle ajoutait : « ... et la charité fraternelle ». Quant à sœur Geneviève (Céline Martin), ayant lu le manuscrit du *Réalisme spirituel*, elle disait à l'auteur : « Vous êtes un vrai disciple de ma petite sœur. »

Combien de générations de carmes ont appris de lui comment vivre ce mouvement d'abandon à l'école de

Thérèse. Combien de personnes ont été libérées, ont échappé au vertige de la dépression ou du suicide au cours de rencontres avec le Père Victor qui leur faisait découvrir l'amour inouï du Père — *Abba* — et les ouvrait à la confiance de l'enfant enfin restauré, libéré de toutes ses blessures et ses peurs, ouvert sur l'avenir.

C'est parce qu'il vit lui-même cette sagesse thérésienne, dans les actes les plus simples de la vie quotidienne, que le Père Victor a pu aider des milliers d'êtres qui sont venus frapper à sa porte, de jour et de nuit, à la recherche d'une source d'eau vive. Je peux en témoigner après seize ans de vie en fraternité carmélitaine dans notre HLM de la rue Camille-Flammarion à La Source (Orléans) où nous avons prié, partagé peines et joies, fait la cuisine et la vaisselle ensemble, avec tous ceux qui venaient, des milieux les plus variés, sans oublier les bandes d'enfants de tous les pays du monde qui couraient derrière lui dans les rues pour se faire embrasser et recevoir la paix et la bonté rayonnant de ses yeux bleus.

Prenons, lisons, relisons ce petit classique thérésien qui pourra devenir, comme pour tant d'autres lecteurs, un livre de chevet. Sa simplicité n'est pas d'indigence, mais de plénitude. Notre monde compliqué et éclaté en a un besoin urgent. L'homme ne peut retrouver son unité profonde qu'au secret de son cœur, là où réside la Trinité Sainte.

« Si tu savais le don de Dieu... » (Jn 4,10). Sainte Thérèse de Lisieux nous révèle que ce don est aussi pour chacun de nous, qui que nous soyons, exclus, « paumés », chrétiens de vieille souche, riches ou pauvres, prêtres ou laïcs... Car nous sommes *tous* des handicapés qui ont besoin d'être guéris par l'Amour miséricordieux.

« La confiance, rien que la confiance qui conduit à l'amour... »

>frère Guy GAUCHER, carme
>*Evêque de Meaux*
>en la fête de la Nativité de Marie
>le 8 septembre 1986

INTRODUCTION

« *Ma vocation, enfin, je l'ai trouvée ! ma vocation c'est l'Amour ! Oui, j'ai trouvé ma place dans l'Eglise et cette place, ô mon Dieu, c'est Vous qui me l'avez donnée : dans le cœur de l'Eglise, ma Mère, je serai l'Amour... ainsi je serai tout*[1]. »

Sans cesse cité, ce texte reste inépuisable. Il dit certainement une des intentions les plus profondes de sainte Thérèse de l'Enfant-Jésus, une des lumières les plus pures qu'elle ait reçues de Dieu.

Mais ces lignes ardentes ne se réfèrent pas uniquement à sa vocation de carmélite, à son rôle de contemplative dans le monde, elles peuvent apporter beaucoup aux hommes engagés en d'autres voies, en d'autres tâches, car elles expriment au mieux ce qu'il y a d'universel dans la découverte et le message de Thérèse. Elles disent l'intense vie théologale[2] *qui fut la sienne et que tous les enfants de Dieu sont appelés à partager avec elle.*

Convenons-en, Thérèse, tandis qu'elle attire bien des

---

1. Ms B, 3 v°.
2. Nous appelons vie théologale le mouvement de l'être profond, l'acte propre du chrétien, unique et toujours renouvelé où les trois vertus théologales, foi, espérance et charité, forment comme un circuit ascendant ou comme une palpitation vivifiante du cœur (au sens biblique) : la foi reçoit, l'amour donne dans un climat d'espérance.

êtres, même en dehors de l'Eglise, en déçoit ou rebute d'autres qui éprouvent à la lire une sorte de malaise, comme devant un christianisme au rabais.

Son destin présente d'étonnants paradoxes.

Après une existence apparemment insignifiante et retirée du monde, elle est proclamée « la plus grande sainte des temps modernes » par Pie X. Contemplative, le pape Pie XI ne craint pas d'en faire la patronne de toutes les missions. Dépourvue de dons littéraires remarquables, et restée enfantine dans sa forme d'imagination, elle propose une doctrine d'une étonnante richesse, au contact de laquelle la théologie s'est approfondie, la spiritualité renouvelée sans en avoir encore ni l'une ni l'autre épuisé tout le bienfait.

De ces paradoxes quelle est la cause profonde ? Celle-ci : la vie que Thérèse a menée et la « petite voie » qu'elle découvre aux âmes sont essentiellement théologales. Or rien n'a plus modeste apparence que le théologal. Ou plus exactement, rien n'épouse mieux la substance des choses ordinaires, ne se cache avec plus de joie sous leur écorce, ne s'exprime plus heureusement à travers elles, que la pure vie théologale. Parfois, il est vrai, le surnaturel tranche sur l'existence commune, quand il éclate au-dehors en phénomènes extraordinaires ; mais dans ce qu'il y a de plus « substantiel » il se nourrit, au contraire, silencieusement, de tout ce que lui offre la coulée plus terne des jours. La vie d'un homme créé par Dieu, racheté par le Christ et transfiguré par l'Esprit, reste et doit rester la vie d'un enfant des hommes ; et plus cette vie nouvelle est profondément divine, plus aussi elle reste profondément et simplement humaine. Telle est la vérité, élémentaire, que mettent en relief l'expérience et l'enseignement de Thérèse.

C'est sans doute en cela qu'elle est vraiment moderne, cette jeune fille qui ne sépare jamais, ni dans son amour, ni dans sa recherche profonde, ni dans ses préoccupations quotidiennes, la terre du ciel, les conditions concrètes et fragiles de son aventure terrestre des exigences de sa vocation divine. C'est sans doute aussi parce qu'elle a su trouver dans cette tension l'équilibre et la réalisation de sa vie, qu'elle est devenue maîtresse de vie spirituelle pour les hommes d'aujourd'hui.

Semblable à de grands personnages de l'histoire, dont l'être concret, réel, a également sur un plan plus profond valeur symbolique, Thérèse n'est pas seulement une très grande sainte; elle est le type des êtres de notre époque. Non point exclusivement du petit nombre que Dieu appelle au cloître, mais de tous ceux qui cherchent leur place dans le Corps Mystique et souffrent de sentir partout à la fois les limites de leurs forces et l'infini de leurs désirs.

Or c'est par la pratique de sa « petite voie » que Thérèse est parvenue à trouver sa place dans le cœur de l'Eglise et qu'elle a su la tenir de manière éminente. Il importe donc à ceux qui veulent, malgré leur faiblesse native, remplir comme Dieu l'attend leur vocation en ce monde bouleversé, de bien comprendre la profondeur théologale de cette voie que Thérèse a ouverte pour eux.

Afin de faciliter cette compréhension du message thérésien, nous n'avons pas cru devoir tenter une étude théologique des écrits de la sainte, ni même une analyse proprement spirituelle de son expérience. Des travaux de ce genre ont été faits avec succès par d'autres[1]*. Cet essai se tient plutôt sur le plan d'une pédagogie du théologal et voudrait présenter la découverte progressive et la transmission concrète par Thérèse de son idéal, beaucoup plus*

---

1. Cf. en particulier : L. LIAGRE, *Retraite avec sainte Thérèse de Lisieux*, Lisieux, 1953 ; H. PETITOT, *Sainte Thérèse de Lisieux, Une renaissance spirituelle*, Paris, 1925 ; M. M. PHILIPPON, *Sainte Thérèse de Lisieux*, « Une voie toute nouvelle », DDB, 1958 ; Mgr A.

que l'exposé théorique de sa doctrine. Car avant d'enseigner au monde sa petite voie, elle eut à la communiquer autour d'elle de son vivant. Pie XI le soulignait déjà le 17 mai 1925 : « Cette " voie d'Enfance " (sainte Thérèse) l'a enseignée par ses paroles et ses exemples aux novices de son monastère, et elle l'a fait découvrir à tous par ses écrits. »

Voici donc la ligne directrice de cet essai : Après une brève analyse du milieu de vie de Thérèse au Carmel, du climat qu'elle a travaillé à créer autour d'elle pour révéler sa voie d'amour (chapitre I), *nous tenterons l'étude de son expérience personnelle. Nous essayerons de dégager d'abord l'intention qui la guida dans sa recherche spirituelle* (chapitre II), *puis nous la verrons découvrir progressivement tous les éléments de sa doctrine* (chapitre III).

Nous l'écouterons ensuite enseigner et communiquer le fruit de son expérience intérieure. Elle montrera d'abord les exigences de la « petite voie », *la disposition foncière requise pour s'y engager sûrement* (chapitre IV). *Puis ce sont les démarches essentielles de l'enfant de Dieu en son cheminement vers le Père qu'elle mettra en lumière : la foi en l'Amour, qui apparaît comme le fondement de la voie d'enfance* (chapitre V), *l'offrande à l'Amour : engagement décisif dans cette voie* (chapitre VI) ; *le mouvement d'abandon, enfin, qui est l'exercice constant de l'être livré à l'amour* (chapitre VII).

Pour terminer, nous lierons en faisceau ces quelques réflexions autour d'une idée chère à Thérèse : le Cœur de

---

COMBES, *Introduction à la spiritualité de sainte Thérèse de l'Enfant-Jésus,* Vrin, 1948, et tous ses autres ouvrages ; C. de MEESTER, *Dynamique de la confiance, Genèse et structure de la « voie d'enfance spirituelle » chez sainte Thérèse de Lisieux,* Cerf, 1969 ; G. GAUCHER, *La Passion de Thérèse de Lisieux,* Cerf, 1972, etc.

l'Eglise, ce point de convergence des choses créées et incréées; c'est là que la petite voie conduit Thérèse, c'est ce milieu vital qui a provoqué une merveilleuse éclosion théologale.

Cœur de l'Eglise, épanouissement dans la confiance et l'amour, tels sont les sommets vers lesquels Thérèse veut attirer à sa suite un grand nombre d'amis.

SIGLES UTILISÉS

Ms A	: Manuscrit A (1895).
Ms B	: Manuscrit B (1896).
Ms C	: Manuscrit C (1897).
CJ	: Carnet jaune (*Derniers Entretiens* recueillis par Mère Agnès de Jésus).
CSG	: *Conseils et souvenirs,* OCL, 1952, par sœur Geneviève.
DCL	: Documentation du Carmel de Lisieux.
DE	: *Derniers Entretiens,* Cerf-DDB, 1971, avec volume d'*Annexes.*
Esprit	: *L'Esprit de la Bienheureuse Thérèse de l'Enfant-Jésus* d'après ses écrits et les témoins oculaires de sa vie, OCL, 1922.
HA	: *Histoire d'une Ame,* Édition de 1955.
LT	: Correspondance de sainte Thérèse de Lisieux, Cerf-DDB, 1972.
Cir/MTr	: Circulaire nécrologique de sœur Marie de la Trinité, Carmel de Lisieux, 20/2/1944.
OCL	: Office Central de Lisieux.
NV	: *Novissima Verba,* publiés en 1927, pris dans DE, volume d'*Annexes.*
P	: Poésies de sainte Thérèse de Lisieux (en HA).

RP : Récréations pieuses de sainte Thérèse de Lisieux (en HA).
Sum II : Summarium des Procès de canonisation, Rome, 1920.

LA PRATIQUE

CHAPITRE I

THÉRÈSE DANS SON MILIEU DE VIE

On est tellement habitué à considérer sainte Thérèse de l'Enfant-Jésus dans son ascension personnelle, au sein de sa famille puis au Carmel, qu'on ne pense guère à la représenter dans sa tâche d'éducatrice.

C'est oublier qu'elle a passé au noviciat toute sa vie religieuse (à part les derniers mois où elle gagna l'infirmerie pour y mourir), soit un peu plus de neuf ans. Pendant quatre ans, elle y assuma pratiquement les fonctions de maîtresse sans en avoir le titre, sans pouvoir s'appuyer sur une autorité dont elle n'était pas officiellement revêtue, mais uniquement grâce à son ascendant personnel. Situation délicate s'il en fut, et bien faite pour mettre en valeur la sainteté de Thérèse, comme aussi la fermeté et la cohérence de son message.

Rejoindre sœur Thérèse au noviciat, c'est donc la saisir en plein essor, en plein combat. Aussi nous attacherons-nous tout d'abord à évoquer brièvement ce milieu qui l'a vue vivre et évoluer.

Ayant fait profession le 8 septembre 1890, Thérèse aurait dû, normalement, quitter le noviciat trois ans plus tard ; mais ses deux sœurs aînées, Mère Agnès de Jésus et Sœur Marie du Sacré-Cœur, l'avaient précédée au Carmel de Lisieux. L'usage du temps n'admettant pas que siègent en un même chapitre conventuel plus de deux membres d'une même famille, Thérèse fut exclue du chapitre et laissée au noviciat. Elle continua d'assister chaque jour aux instructions de Mère Marie de Gonzague, de demander ses permissions comme les novices...

Le 20 février 1893 — Thérèse avait alors vingt ans — Mère Agnès de Jésus fut élue prieure ; l'ancienne maîtresse des novices, Mère Marie des Anges, devint sous-prieure ; quant à l'ancienne prieure, Mère Marie de Gonzague, elle était nommée dépositaire[1] et maîtresse des novices.

La nouvelle prieure demanda à sa jeune sœur Thérèse d'aider la Mère maîtresse dans sa tâche[2]. C'était lui confier une mission délicate. Il y faudrait beaucoup de tact et de prudence, vu le caractère ombrageux et susceptible de Mère Marie de Gonzague. Il n'y eut d'ailleurs, en cette nomination, rien d'officiel. Thérèse n'avait, au noviciat, que le titre « d'ange[3] » de deux sœurs converses : Sœur Marthe de Jésus, entrée au Carmel le 23 décembre 1887, avant Thérèse par conséquent, et Sœur Marie-Madeleine du Saint-Sacrement, entrée le 22 juillet 1892. Sœur Thérèse de l'Enfant-Jésus eut ainsi à s'occuper discrètement de la formation spirituelle de ses deux compagnes plus âgées qu'elle.

Lorsque deux ans plus tard, le 16 juin 1894, Sœur Marie de la Trinité entra au Carmel, la prieure lui donna toute liberté de s'adresser à son « ange » pour ses difficultés tant intérieures que d'ordre pratique. Bientôt Thérèse se vit confier deux autres novices : Sœur Geneviève, qui n'était autre que sa sœur Céline, entrée le 14 septembre 1894, et Sœur Marie de l'Eu-

---

1. C'est-à-dire économe.
2. Voir appendice 1 sur la charge de maîtresse des novices.
3. Religieuse chargée d'initier les nouvelles aux us et coutumes de la vie conventuelle.

charistie, leur cousine Marie Guérin, entrée le 15 août 1895.

Telle fut la situation pendant les trois années de priorat de Mère Agnès de Jésus. De nouvelles élections, le 21 mars 1896, remirent à la tête de la communauté Mère Marie de Gonzague, qui décida de garder, en plus du priorat, la charge de maîtresse des novices. Mère Agnès lui conseilla discrètement de se faire aider le plus possible auprès des novices par Sœur Thérèse ; et Mère Marie de Gonzague qui tenait celle-ci en haute estime, se déchargea pratiquement sur elle du noviciat.

Mais l'humeur changeante de la Mère prieure ne permettait pas à Thérèse de faire de plans à longue échéance. Aucune stabilité dans les emplois. A toutes ces difficultés s'ajoutait la jeunesse de Thérèse, qui devait conseiller, encourager et au besoin reprendre des novices plus âgées qu'elle. On voit dans quelles conditions humainement défavorables elle eut à exercer la charge, et cela jusqu'à sa mort. C'est là pourtant qu'elle s'est sanctifiée.

Champ d'action exigu, dira-t-on, que ce noviciat de Carmel. Certes, sur cette existence toute cachée, toute ramassée vers l'intérieur, aucun événement exceptionnel ne vient trancher : lorsqu'on poursuit l'essentiel, l'extérieur perd forcément de son importance. Mais ici, justement, l'héroïsme se nourrit de monotonie, de fidélité journalière, et la valeur des actes ne se mesure plus à leur éclat, mais à leur charge d'amour.

Cette pauvreté du cadre, si exigeante pour la volonté, explique en partie l'acuité et la finesse du regard de Thérèse sur ses propres tendances et les réflexes de ses compagnes. Sous cet éclairage, les exemples qu'elle donne prennent tout leur relief, si minimes et insignifiants qu'ils paraissent, et l'on saisit mieux, par contraste, la richesse de ses intuitions et sa pénétration du cœur humain. De plus, son expérience et son enseignement, s'appuyant sur des réalités tout ordinaires, voire banales, sont pour ainsi dire transposables dans tous les climats sociaux et psychologiques : le succès universel de l'*Histoire d'une Ame* en est un témoignage assez éloquent.

Ce fut, en effet, le génie propre de Thérèse, non seulement de pressentir d'instinct les lois les plus profondes de notre être, mais surtout de découvrir un moyen extrêmement simple de les orienter vers Dieu. Elle ne pouvait se contenter de trouver et de suivre sa « petite voie », elle a su y attirer les êtres et les épanouir par l'atmosphère qu'elle a créée autour d'elle.

Thérèse elle-même reconnaît que le bon Dieu l'avait douée d'une étonnante aptitude pour la pédagogie spirituelle. Elle en fait la confidence à Mère Marie de Gonzague, en lui rappelant qu'elle avait été sa surprise de se voir chargée, si jeune, de la formation de ses compagnes.

« Ma Mère, écrit-elle, peut-être vous êtes-vous souvenue que souvent le Seigneur se plaît à donner la sagesse aux petits... Vous n'avez pas craint de me dire un jour que le Bon Dieu illuminait mon âme, qu'il me donnait même l'expérience des années [1]. »

Sur sa manière de comprendre et d'exercer sa charge, nous pouvons interroger Thérèse elle-même grâce aux témoignages qu'elle nous a laissés. Les Manuscrits Autobiographiques (anciennement *Histoire d'une Ame*) sont plutôt avares de détails pour ce qui nous intéresse. Lorsque vers la fin de sa vie, sur l'ordre de Mère Marie de Gonzague, Thérèse rédigea les pages qui devaient constituer son dernier manuscrit, elle avait demandé à Mère Agnès : « Sur quel sujet voulez-vous que

---

1. Ms C, 4 r°.

j'écrive ? » — « Sur la charité, sur les novices », avait répondu son aînée. Thérèse obéit, mais en fait, beaucoup plus que des novices, il est question dans ces chapitres de la charité et de la vie d'abandon. Ses billets et ses lettres à ses novices sont extrêmement précieux pour la saisir en action, ainsi que les souvenirs livrés par Sœur Geneviève. La circulaire, rédigée par Mère Agnès après la mort de Sœur Marie de la Trinité, en 1944, est riche aussi de traits suggestifs. On peut enfin puiser des renseignements dans le Summarium du procès et dans les manuscrits publiés par le Père François de Sainte-Marie. Nous ne pouvons trop remercier le Carmel de Lisieux pour ce qu'il a bien voulu nous communiquer.

I. Une doctrine vivante

Voici donc Thérèse en contact direct avec les personnes qu'elle doit former à la vie religieuse et à l'esprit du Carmel. Il ne s'agit pas seulement d'éclairer les intelligences, mais de stimuler les volontés ; une doctrine ne suffirait pas, c'est une vie qu'il faut communiquer : œuvre de patience où le temps collabore avec Dieu, où chaque détail garde son importance, puisque chaque instant peut traduire ou trahir l'Amour.

Ce que Thérèse apporte à ses compagnes, c'est le Christ, comme nous le verrons, mais le Christ transparaissant en elle. Quatre années vont suffire, en effet, pour la conduire au sommet, quatre années vécues dans une volonté de progrès jamais en défaut, et ses novices la verront mourir d'amour en pleine course. A ces femmes, inexpertes sans doute, mais assoiffées d'absolu, la profondeur réelle de leur sœur et son union à Dieu n'échappent guère, d'autant qu'elles ont avec elle des contacts plus fréquents et plus intimes qu'avec aucune autre religieuse.

Elles sont conquises par son épanouissement, qui ne se pare point de dehors austères, mais se traduit dans la plus exquise simplicité. Et elles désirent imiter Thérèse, qui accepte, dans son humilité, d'être pour elles un idéal. Souvent même la jeune maîtresse fait appel à ce désir : elle répond par exemple à une novice trop attachée aux grâces sensibles : « Demander des consolations !... Puisque vous voulez me ressembler, vous savez bien que moi, je dis :

> Oh ! ne crains pas, Seigneur, que je T'éveille,
> J'attends en paix le rivage des cieux [1] ! »

« Il me semble qu'elle avait tout ce qu'il fallait pour nous diriger et nous faire devenir des saintes, témoigne une de ses novices, on voyait qu'elle faisait tout ce qu'elle nous disait, aussi cela inspirait de l'imiter [2]. »

Thérèse est donc pour ses sœurs, sans effort ni recherche nouvelle, par sa seule union à Dieu, un exemple vivant. De plus, la sainteté lui donne, malgré son jeune âge, « l'expérience des années [3] ». Thérèse a connu sous l'action de l'Esprit une rapide maturation, intellectuelle et spirituelle ; et l'intensité de sa vie intérieure, silencieuse et solitaire, lui vaut une profonde connaissance des voies de Dieu dans les âmes.

Elle apparaît douée d'une personnalité solide, harmonieuse, dont les possibilités naturelles sont décuplées et comme merveilleusement affinées par l'action divine. Les novices sentent bien que, proche de Dieu, leur sœur

---

1. P 15, *Vivre d'Amour*, 26/2/1895.
2. Sum II. Sr Marie-Madeleine du Saint-Sacrement.
3. Ms C, 4 r°.

est aussi tout près d'elles. Aussi n'hésiteront-elles pas à recourir à son expérience ; elles iront lui demander le secret de son dynamisme et de son étonnante assurance.

Et Thérèse répond sans peine à leurs besoins ; aucune question qu'elle ne se soit déjà posée elle-même et dont elle n'ait la solution. Luttes, tentations, tous « ces tristes sentiments de la nature[1] » qu'expérimentent les novices, Thérèse les a connus avant elles, et vaincus par la grâce. Elle comprend à demi-mot, elle devine même ; elle explique et résout.

« J'ai très bien compris tout, écrit-elle à une novice, sachez qu'il n'est pas nécessaire que vous m'en disiez long[2]. »

Mais Thérèse n'est pas seulement pour les novices un guide expérimenté ; elle leur apporte aussi une doctrine de vie, personnelle, profonde, fruit de sa prière et de son union à Dieu.

Ses sœurs la sentent sûre de son enseignement. Et ce n'est pas sans importance, car ces jeunes ont autant besoin de recevoir une nourriture solide qu'une direction experte et ferme.

« Qui donc, lui demande l'une d'elles, vous a enseigné cette petite voie d'amour qui dilate tant le cœur ?

— C'est Jésus tout seul. Aucun livre, aucun théologien ne me l'a apprise, et pourtant je sens dans le fond de mon cœur que je suis dans la vérité.

— J'y crois tellement, reprit sa compagne, que si le pape me disait que vous vous êtes trompée, je ne le croirais pas !...

— Oh, s'écrie vivement Thérèse, il faudrait croire le pape avant tout. Mais n'ayez aucune crainte, car si, en

---

1. Ms C, 19 r°.
2. LT 240, 3/6/1897.

arrivant au ciel, j'apprends que je vous ai induite en erreur, je vous apparaîtrai bientôt pour vous dire de prendre une autre route. Mais, si je ne reviens pas, croyez à la vérité de mes paroles [1]. »

Quels sont donc les caractères principaux de l'enseignement de la jeune maîtresse [2] ?

Il est avant tout fidèle à l'esprit de son Ordre. C'est dans cet esprit que Thérèse a puisé, c'est de lui qu'elle a vécu au long de ses années de souffrance et de recherche. Dès son entrée, témoigne Mère Agnès, la postulante s'est attachée à étudier les Œuvres de sainte Thérèse et de saint Jean de la Croix. On ne peut affirmer qu'elle ait lu, en son particulier, toutes les œuvres de la carmélite d'Avila, néanmoins elle les cite souvent littéralement. L'influence des écrits de saint Jean de la Croix est plus apparente. Au cours des années 1890 et 1891, elle s'en nourrit presque exclusivement.

Mais la Bible, qu'au Carmel on doit méditer jour et nuit [3] est la principale source de la petite voie. Dès les premiers temps de sa vie religieuse, Thérèse est profondément touchée par ce qu'elle entend ou lit de la Parole de Dieu. Un jour vient même où l'Ecriture lui suffit. Il n'est que de la voir quand elle souffre, doute ou désire, ouvrir Isaïe, la Sagesse, saint Paul ou l'Evangile ; ils lui offrent alors l'image vivante qu'elle cherche, et lui servent même souvent à exprimer sa propre pensée. Il se produit comme une rencontre incessante entre l'intuition spirituelle de Thérèse et la Révélation. La sainte vibre tout entière en harmonie avec la parole de Dieu.

Aussi, dans la ligne même de la spiritualité carmélitaine, l'enseignement de Thérèse est-il tout évangéli-

1. Cir/M Tr.
2. Nous en étudions la substance dans les chapitres suivants.
3. Règle du Carmel.

que. Libéré des conceptions humaines, des cadres trop particuliers, il est l'expression, aussi fidèle et dépouillée que possible, de la voie ouverte aux âmes par le Christ lui-même. C'est là ce qui lui donne la valeur universelle qu'a reconnue l'Eglise, et ce qui le rend si dilatant. La petite voie en effet ne se présente pas comme une méthode rigide et identique pour tous. Elle s'adapte à chacune, dont elle réclame une adhésion personnelle. Les novices de Thérèse ne s'y sentent pas à l'étroit, ni en climat artificiel. Pour les guider, les consoler, les instruire, leur maîtresse puise dans le Nouveau Testament, les Psaumes, les Prophètes, le Cantique des Cantiques. Quelle démarche pourrait les mettre plus à l'aise, leur donner plus de sécurité ?

Thérèse d'ailleurs n'impose pas d'autorité sa doctrine. Elle a su — et c'est plus fécond — la faire aimer et désirer par les novices. En les exhortant à marcher dans son sentier, elle ne veut en rien restreindre leur liberté ; elle ne vise qu'à les mettre sous la direction particulière de l'Esprit Saint, et les mener là où Il veut.

III. L'atmosphère du noviciat

Tournée vers Dieu, et nourrie par Lui, Thérèse crée au noviciat une atmosphère large, forte et joyeuse. Avant tout, elle établit les personnes en un climat de confiance réciproque, qui permet à ses novices de s'appuyer sur elle : « Elle parlait familièrement avec elles (les novices) sur ce qui pouvait les intéresser à ce moment-là[1]. » Et elle tient à ce que toutes puissent s'ouvrir sans contrainte : « Ma mère bien-aimée, vous comprenez qu'aux novices tout est permis, il faut

---

1. CSG, p. 6.

qu'elles puissent dire ce qu'elles pensent sans aucune restriction, le bien comme le mal[1]... Avec une simplicité qui me ravit, elles me disent tous les combats que je leur donne, ce qui leur déplaît en moi, enfin, elles ne se gênent pas davantage que s'il était question d'une autre, sachant qu'elles me font un grand plaisir en agissant ainsi[2]. »

Cette attitude ne réjouit pas seulement l'humilité de Thérèse, elle apaise les novices, les libère, leur permet de voir clair en elles-mêmes par le seul fait d'exprimer ce qu'elles pensent. Thérèse voit juste en désirant qu'elles puissent tout dire, même les tentations éprouvées contre leur maîtresse. Cette ouverture totale est le signe d'une parfaite confiance, la condition nécessaire d'une direction efficace. Mais quelle humilité demande à la maîtresse tant de simplicité! Thérèse n'hésite même pas d'ailleurs, quand elle le croit nécessaire, à faire part aux novices de ses luttes et difficultés.

Elle a, quand il le faut, des délicatesses pour provoquer des confidences : « Quand j'étais en direction avec elle et que j'avais des choses coûteuses à lui dire, elle me conduisait devant la statue miraculeuse qui lui a souri dans son enfance, et me disait : Ce n'est pas à moi que vous allez dire ce qui vous coûte, mais à la sainte Vierge. Je m'exécutais et elle écoutait près de moi ma confidence. Ensuite elle me faisait baiser la main de Marie, me donnait ses conseils, et la paix renaissait dans mon âme[3]. »

« Elle était de plus très discrète, précise une autre novice. Je pouvais tout lui confier, même mes pensées les plus intimes. Je n'avais rien à craindre, jamais elle

---

1. Ms C, 26 r° et v°.
2. Ms C, 27 r°.
3. Sum II (Sr Marie de la Trinité).

n'en répétait un seul mot, même dans ses conversations avec ses trois sœurs [1]. »

Il ne suffit pas néanmoins de pouvoir tout dire. Où est la confiance si l'on n'attend que peu de l'autre ? Parce que Thérèse ne désire que Dieu, et pour elle, et pour ses sœurs, celles-ci sentent qu'elles peuvent s'en remettre à leur maîtresse, plus qu'à elles-mêmes dans leur propre recherche de Dieu.

Thérèse, de son côté, fait confiance à ses novices, parce qu'elle croit à l'action puissante du Christ dans leurs cœurs. La connaissance merveilleuse qu'elle a du travail de la grâce en elle lui fait deviner le besoin absolu qu'elles ont de Dieu, ainsi que les prodiges dont elles sont capables avec son aide.

Une de ses novices éprouva, durant son année canonique, tant de difficultés que tout semblait désespéré. Thérèse un jour lui demanda : « Avez-vous confiance de réussir quand même ? » « Oui, je suis si convaincue que le Bon Dieu me fera cette grâce, que rien ne peut m'en faire douter. » « Gardez votre confiance, repartit résolument la maîtresse, il est impossible que le Bon Dieu n'y réponde pas, car Il mesure toujours ses dons à notre confiance. Cependant, je vous avoue que si je vous avais vue faiblir dans votre espérance, j'aurais douté moi-même, tellement tout espoir est perdu du côté humain [2]. » La novice fit profession, bien convaincue qu'elle devait cette grâce inestimable à sa maîtresse qui semblait, ce jour-là, aussi heureuse qu'elle ! Conduite vraiment surnaturelle que celle de Thérèse, jaugeant la vocation de sa novice à la mesure de sa foi en Dieu, et non de son entêtement à réussir.

---

1. Sum II (Sr Marthe de Jésus).
2. Cir/MTr.

Mais l'atmosphère en laquelle Thérèse fait vivre ses novices n'est pas seulement de confiance totale, elle est aussi de virilité. Elle reste très exigeante. Si elle garde parfaitement la discrétion, elle ignore les compromis, les demi-mesures qui figent dans la médiocrité. A trop d'esprits la vie religieuse apparaît comme une couveuse, un refuge pour la faiblesse. Thérèse, qui la vit pleinement, sait ce qu'il en coûte, et combien cette dure bataille exige des tempéraments équilibrés, des âmes à forte trempe. Elle apprend aux novices à ne se compter pour rien, à laisser tout ce qui n'est pas Dieu, à s'oublier toujours elles-mêmes. « Elle ne pouvait souffrir, rapporte Sœur Geneviève, que l'on attachât de l'importance à des souffrances puériles [1]. »

« Je voudrais, dit-elle à l'une de ses compagnes, vous voir toujours comme un vaillant soldat, qui ne se plaint pas de ses peines, qui trouve très graves les blessures de ses frères, et n'estime les siennes que des égratignures [2]. »

La « petite voie » n'encourage pas la puérilité. Thérèse redit souvent que les novices sont des enfants-guerriers, des enfants-apôtres, missionnaires et martyrs [3], qui doivent, par conséquent, se priver des consolations par trop enfantines [4], savoir combattre dans l'arène [5], et ne pas rejeter sur des causes physiques la responsabilité de leurs fautes [6]. La voie d'enfance est celle des petits, mais non des mièvres ni des lâches. Il y « faut pratiquer les petites vertus, explique Thérèse ; c'est quelquefois difficile, mais le Bon Dieu ne refuse

1. Sum II (Sr Geneviève).
2. HA, p. 217.
3. HA, pp. 231, 376.
4. LT 210.
5. HA, p. 231.
6. HA, p. 217.

jamais la première grâce qui donne le courage de se vaincre ; si l'âme y correspond elle se trouve immédiatement dans la lumière. J'ai toujours été frappée de la louange adressée à Judith : " Vous avez agi avec un courage viril, et votre cœur s'est fortifié[1]. " D'abord, il faut agir avec courage ; puis le cœur se fortifie et l'on marche de victoire en victoire[2]. »

Fière et forte, comme Jeanne d'Arc, qu'elle a tant aimée, jamais les épreuves ni la souffrance n'ont pu entamer son entrain contagieux ; et nous n'aurions pas vraiment caractérisé l'ambiance du noviciat, si nous n'insistions pas sur la joie qui y régnait.

Thérèse n'aimait pas la tristesse ; encore enfant elle recopiait avec prédilection, comme page d'écriture : « Un saint triste est un triste saint. » Elle préférait Théophane Vénard à saint Louis de Gonzague parce que celui-ci « était sérieux, même en récréation », alors que le premier était « gai toujours[3] ». Elle-même était très gaie en récréation. Sa conversation agréable, spirituelle, piquante parfois, faisait le charme des réunions de communauté. Au cours de sa dernière maladie, elle montra une joie constante, s'efforçant de distraire ses sœurs abattues par sa mort prochaine. Cette joie qui émanait d'elle, elle voulait la trouver aussi chez ses sœurs : sur leurs visages, dans leurs paroles, et plus encore dans leur cœur ; elle leur rappelait « que ce serait une inconséquence de traîner péniblement le fardeau de la vie religieuse, après avoir déclaré hautement, le jour de leur profession, embrasser la Règle de leur plein gré et franche volonté[4] ».

Confiance, virilité, joie : trois dispositions que Thé-

---

1. Judith, 15, 11.
2. CJ 8.8.3, DE, p. 312.
3. CJ 2.5.10, DE, p. 216.
4. Esprit, p. 204.

rèse juge nécessaires à la formation. Trois éléments psychologiques qui semblent n'avoir entre eux qu'un lien assez lâche, mais se révèlent complémentaires. Tous trois contribuent à créer un même et unique climat d'ouverture. Un cœur confiant s'ouvre et s'offre à l'influence des autres. Un cœur viril, au lieu de se replier sur lui-même, s'oublie et se dépense dans l'amour. Quant à la joie, elle est à la fois le signe et le moyen de ce dégagement. Elle jaillit d'un être au moment où il ne pense plus à lui-même ; elle est le bien d'un cœur tout pris par son amour.

Le noviciat de Thérèse n'est pas une société close, pas plus que sa doctrine ne se resserre sur des axes rigides.

Thérèse met d'instinct les novices dans les conditions psychologiques nécessaires pour qu'elles puissent accomplir ce qui leur est demandé : ne pas rester au niveau de leurs problèmes personnels, ne plus vivre pour elles-mêmes, mais aller vivre en un Autre, de la vie même de cet Autre.

III. Thérèse au service du noviciat

Nulle part on ne trouve, dans l'œuvre de Thérèse, l'exposé d'une « méthode » de direction du noviciat. Lorsque, sur la demande de Mère Agnès, elle parle de sa responsabilité, c'est pour exprimer son intention, qui est d'agir pour Dieu seul, et le secret de son action, qui est d'agir par Lui seul. Puis suivent, sans ordre, des notations psychologiques ou spirituelles de haute importance, mais rien de schématisé. Thérèse ne s'enferme pas dans une méthode au sens étroit du mot. Sa méthode, c'est d'aimer. Avec son intuition spirituelle et sa perception des nuances, elle a vite senti qu'aucun travail standardisé n'est possible quand on s'adresse à des personnes; qu'aucune recette n'est alors valable pour toutes. Aussi, note-t-elle comme première condition d'efficacité, le renoncement à tout système, et la variété, la souplesse des moyens de formation :

« On sent, écrit-elle, qu'il faut *absolument* oublier ses goûts, ses *conceptions personnelles* et guider les âmes par le chemin que Jésus leur a tracé, sans essayer de les faire marcher par sa propre voie [1]. [...] Je vous ai dit, Mère chérie, qu'en instruisant les autres, j'avais beaucoup appris. J'ai vu, d'abord, que toutes les âmes ont à peu près les mêmes combats, mais qu'elles sont si différentes d'un autre côté que je n'ai pas de peine à comprendre ce que disait le Père Pichon : " Il y a bien plus de différence entre les âmes qu'il y en a entre les visages. Aussi, est-il impossible d'agir avec toutes de la même manière [2] ". »

Sans disposer des ressources de la psychologie moderne, Thérèse a saisi la profonde diversité des tempéraments et des caractères, la nécessité de s'adapter à chacun, de se faire vraiment et efficacement « toute à tous [3] ».

Elle a bien vu aussi que Dieu se donne à chacun selon des modalités particulières. Méditant sur la diversité des fleurs que le Seigneur cultive en son jardin [4], elle a cherché la raison profonde de cette diversité. Elle a compris, un jour, que c'est leur variété même qui plaît à Dieu, car elle fait le charme et la beauté de l'ensemble. Loin d'elle l'idée, maintenant qu'elle est devenue jardinière d'âmes, de niveler les différences, de confondre la fleur des champs et

---

[1]. Ms C, 22 v° et 23 r°.
[2]. Ms C, 23 v°.
[3]. DE, p. 640.
[4]. Ms A, 2 r°.

celle des jardins, de tout vouloir cultiver de la même manière, d'émonder et de cueillir tout en la même saison.

Sa manière ? C'est de suivre l'Esprit, Lui seul ; elle a donc presque toujours un caractère vivant et spontané. Thérèse improvise ; elle crée comme Dieu lui-même. Qu'on songe aux inventions charmantes de la coquille pour la sœur trop pleureuse, de la toupie, etc. Elle n'aime pas la rigidité des cadres, les « comptes », les « pratiques », elle ne s'y astreint que par charité, et ne craint pas alors d'avouer à Céline : « Je suis même obligée d'avoir un chapelet de pratiques. Je l'ai fait par charité pour une de mes compagnes... Je suis prise dans des filets qui ne me plaisent guère [1]. »

Rien de flou, pourtant, dans l'attitude de Thérèse. L'absence de méthodes uniformisantes n'est pas lacune, mais suppression volontaire à laquelle l'a amenée son expérience. Des directions précises se dégagent clairement, d'ailleurs, de l'ensemble de son enseignement, comme nous le verrons plus loin.

Mais si elle garde un tel souci de s'adapter à toutes ses novices, c'est qu'avant tout, chacune est pour elle une personne irremplaçable, objet de l'amour particulier de Jésus.

En dirigeant le noviciat, Thérèse ne s'attache pas aux apparences. Son objectif principal est le tréfonds de la personnalité où Dieu œuvre. Rien de superficiel ne l'arrête, elle ne rectifie l'extérieur qu'en fonction de l'intérieur et va droit à l'essentiel.

Que Thérèse, aujourd'hui canonisée, presque « docteur » en spiritualité, ait assumé durant sa vie, et dans les circonstances où se trouvait son Carmel (rareté des apports spirituels de l'extérieur), ce rôle de conseiller

---

1. LT 144, 23/7/1893.

cela ne peut nous étonner. Dans la mesure où une novice s'ouvre à elle, la maîtresse peut lui apporter sa grâce et son expérience, et la guider d'autant plus efficacement qu'elle connaît mieux la vie profonde de la novice et ses mille manières de réagir au contact des réalités quotidiennes. Ajoutons, cependant, qu'il reste place pour un contrôle extérieur (aumônier, prédicateur de passage, etc.), auquel la novice a toujours le droit de recourir, comme la maîtresse en a souvent le devoir.

S'il est vrai que tous les êtres doivent demeurer libres, et qu'on ne doit jamais forcer une conscience en provoquant sans discernement des confidences douloureuses, il n'en reste pas moins que l'idéale maîtresse des novices est à la fois une mère et une sœur dont on suit les avis avec confiance et joie, parce qu'on les sent inspirés par l'amour le plus perspicace : la charité ne doit point rester enfermée dans le fond du cœur. « Personne, a dit Jésus, n'allume un flambeau pour le mettre sous le boisseau, mais on le met sur le chandelier, pour qu'il éclaire tous ceux qui sont dans la maison [1]. »

Or, Thérèse, intimement docile à l'Esprit-Saint, possède une connaissance étonnante des personnes et de la vie spirituelle. Elle débrouille d'un seul regard la complexité des phénomènes délicats et obscurs qui se déroulent au fond des consciences. On dirait, tant ses indications sont pénétrantes, ses conseils appropriés, qu'elle lit dans les cœurs à livre ouvert. Les novices lui disent souvent : « Mais vous avez une réponse à tout, je croyais cette fois vous embarrasser... où donc allez-vous chercher ce que vous dites [2] ? »

Que l'une d'entre elles essaie de lui cacher ses sentiments, elle y perd sa peine :

---

1. Ms C, 12 r°.
2. Ms C, 26 r°.

« La vertu brille naturellement, dit Thérèse (et c'est vrai pour son regard purifié) ; aussitôt qu'elle n'est plus là, je le vois[1]. »

« Il en est même d'assre candides pour croire que je lis dans leur âme, parce qu'il m'est arrivé de les prévenir en leur disant ce qu'elles pensaient[2]. »

La jeune maîtresse en sourit, mais elle avoue cependant être elle-même « souvent étonnée d'y voir si clair[3] ». D'où lui vient cette surprenante clairvoyance ?

Non point d'une vaste culture humaine : sa santé fragile, son entrée au Carmel à quinze ans ne lui ont pas permis de terminer le cycle normal de ses études. Non point d'un long commerce avec les hommes qui eût pu affiner sa pénétration naturelle : Thérèse a peu vécu dans le monde et ne l'a guère connu.

Aurait-elle acquis cette expérience par la fréquentation des livres de spiritualité ? Certes, Thérèse sur ce point n'est pas une ignorante. Sa vie spirituelle repose sur une connaissance solide de la doctrine chrétienne inculquée dès l'enfance. Elle a pris contact, nous l'avons vu, avec les auteurs spirituels. Mais avec quelle aisance elle s'en dégage ! Il suffit de lire ses lettres, ses billets, de l'observer dans ses rapports envers ses sœurs pour voir comme elle est peu livresque, et qu'elle montre peu de goût pour l'enseignement abstrait des Maîtres. Il est manifeste que là n'est pas chez elle la source première, essentielle, de sa science des voies de Dieu.

Cette connaissance lui vient-elle alors d'un don spirituel charismatique ? Pas davantage. Thérèse s'en défend ! « J'étais bien sûre de n'avoir pas le don de lire dans les âmes[4]. » Son intuition n'est que le fruit normal

---

1. CJ 26, 7. 3, DE, p. 282.
2. Ms C, 26 r°.
3. Ms C, 23 r°.
4. Ms C, 26 r°.

des dons du Saint-Esprit, portés à un haut degré de perfection, et pour ainsi dire affinés par l'accueil qu'elle leur a réservé.

Plus Thérèse est livrée aux impressions divines, à « l'ascenseur[1] » de l'amour, plus sa sensibilité devient délicate, plus le regard de son esprit se fait pénétrant en ce qui concerne la vie de la grâce. Certes, elle reconnaît « qu'en instruisant les autres, elle a beaucoup appris[2] » ; mais elle affirme : « Comme il n'y a bien que le Bon Dieu tout seul qui connaisse le fond des cœurs[3] ! » Cependant, elle Le prie sans cesse de nourrir ses enfants et, unie à Lui, elle participe, dans toute la mesure où elle en a besoin, à la connaissance intime qu'Il a de toutes ses créatures.

« Une nuit, une de mes compagnes avait résolu de me cacher une peine qui la faisait beaucoup souffrir. Je la rencontre dès le matin, elle me parle avec un visage souriant et moi, sans répondre à ce qu'elle me disait, je lui dis avec un accent convaincu : " Vous avez du chagrin. " Si j'avais fait tomber la lune à ses pieds je crois qu'elle ne m'aurait pas regardée avec plus d'étonnement. Sa stupéfaction était si grande qu'elle me gagna, je fus un instant saisie d'un effroi surnaturel. J'étais bien sûre de n'avoir pas le don de lire dans les âmes et cela m'étonnait d'autant plus d'être tombée si juste. Je sentais bie que le Bon Dieu était tout près, que, sans m'en apercevoir, j'avais dit, comme un enfant, des paroles qui ne venaient pas de moi mais de Lui[4]. »

Aux novices surprises de lui voir deviner leurs plus intimes pensées, elle révèle :

« Voilà mon secret : je ne vous fais jamais d'observa-

---

1. Ms C, 3 r°.
2. Ms C, 23 v°.
3. Ms C, 19 v°.
4. Ms C, 26 r°.

tions sans invoquer la Sainte Vierge ; je Lui demande de m'inspirer ce qui doit vous faire le plus de bien, et moi-même, je suis souvent étonnée des choses que je vous enseigne. Je sens simplement en vous le disant que je ne me trompe pas, et que Jésus vous parle par ma bouche [1]. »

Son union à Dieu donne donc à la pédagogie de Thérèse une exceptionnelle efficacité. Direction tout en nuances, malaisée à définir, et qui fait éclater tous les cadres habituels. Ses réponses, nombre de ses façons d'agir et de réagir, en cette matière plus que toute autre délicate, mériteraient une analyse détaillée. Relevons seulement quelques traits distinctifs, particulièrement importants.

La pédagogie thérésienne est sûre et souple. On ne saurait dissocier ces deux caractères, car sa sûreté n'est pas raideur, sa souplesse n'est pas imprécision, ni incertitude. Thérèse, avant tout, sait le but vers lequel elle marche, mais elle sait aussi comment agir avec chacune pour la conduire jusque-là. Elle amène les novices à interroger, à écouter, à suivre pratiquement le Saint-Esprit. Loin d'elle, en effet, la pensée de laisser aboutir ses sœurs à une « perfection » imaginaire, faite d'exaltation et d'amour-propre déguisé. Thérèse ne les fait pas tendre vers l'idéal qu'elles pourraient se forger, mais les invite à répoindre à l'appel particulier de l'Esprit-Saint. Elle veut leur apprendre à percevoir les désirs de Dieu dans l'instant présent, pour y être dociles, et sa direction en devient concrète, pratique, précise. Pour elle le renoncement est préférable aux belles pensées ; elle se méfie des grandes mortifications où il entre plus de nature que de vertu ; sa sœur Geneviève soupire : « Oh ! quand je pense à tout ce que j'ai à acquérir ! », elle

---

1. HA, p. 190. Sum II (Sr Marie de la Trinité).

rectifie aussitôt : « Dites plutôt à perdre... », etc.[1] ; elle enseigne qu'il faut vouloir perdre et non acquérir, descendre au plus profond de la vallée de l'humilité pour y pratiquer les petites vertus et non tenter la glorieuse ascension de la perfection.

Elle n'admet ni singularité, ni complication, ni raffinement, rien de vague non plus. La simplicité, la vérité[2] : voilà l'attitude profonde qu'elle veut pour toutes, mais cette attitude se traduira de façon différente pour chacune. Les difficultés comme les aptitudes varient selon les tempéraments, et Thérèse ne demande à chaque novice ni les mêmes efforts ni le même cheminement. Dans chaque cas particulier, elle atteint le fond vrai, l'état réel, elle dépiste leurs faiblesses, leur instinct trop naturel à oublier et négliger l'unique nécessaire, à s'appuyer sur leurs propres forces, à compliquer la vie spirituelle. Thérèse offre alors le remède immédiat et efficace au mal, à la déviation ou à la peine. Sans hésitation, elle touche le point précis où doivent porter l'attention et l'effort. Une novice vient-elle lui dire : « Je suis découragée de ne pouvoir vous imiter dans votre amour si délicat envers le Bon Dieu », elle percevra immédiatement, non pas l'apparent bon vouloir auquel un observateur superficiel aurait pu se laisser prendre, mais bien la subtile jalousie qui se dévoile ainsi. Et sans hésiter elle répond : « Chaque fois que vous éprouverez cette tentation, vous ferez la prière suivante : " Mon Dieu, je vous remercie de ne pas avoir un seul sentiment délicat, et je me réjouis d'en voir aux autres ". » Puis

---

1. CSG, p. 26.
2. « Je n'aime que la simplicité, j'ai horreur de la feintise. » (CJ 7. 7. 4, DE, p.242). « Moi je dis la vérité tout entière, qu'on ne vienne pas me trouver, si l'on ne veut pas la savoir » (CJ 18. 4. 3, DE, p. 203).

elle ajoute, encourageante : « Cela sera plus agréable au Bon Dieu que si vous étiez toujours irréprochable [1]. »

« Bien souvent, avoue Sœur Marthe de Jésus, si j'avais suivi ma nature, j'aurais évité d'aller en direction avec la Servante de Dieu, sachant bien que mes défauts me seraient découverts. Mais sa sainteté m'attirait si fort que j'y allais presque malgré moi [2]. »

Thérèse touche le cœur non seulement où il faut, mais plus encore : comme il faut. Pour amener les novices à se renoncer, à revenir à Dieu après leurs infidélités, à se tenir fermement accrochées à la grâce et à elle seule, Thérèse sait temporiser, désirant seconder l'action divine mais non la précéder. Elle dit alors ce qu'il faut dire, et comme il faut le dire : ferme et sévère par moments avec les unes, humble et douce avec les autres, juste et vraie toujours, simplement rieuse même parfois, sachant ne rien exagérer, comme ne rien minimiser. Une novice qui vient d'être grondée arrive un jour toute découragée auprès de sa maîtresse et lui dit tristement : « Je n'ai plus la vocation ! » A cette grave déclaration Thérèse répond par... un éclat de rire. Thérèse, qui pressent une mauvaise humeur, une boutade chagrine, ne prend pas l'affaire au tragique, et le trouble s'évanouit. Depuis cet incident, si quelque chose semble aller mal, la maîtresse prévient le mouvement de découragement en disant : « Alors, vous n'avez plus la vocation aujourd'hui, n'est-ce pas ?... » Et le combat se dissipe comme au premier jour [3].

« Remarquez, explique-t-elle à une novice tentée, la méthode employée pour faire briller les cuivres ; on les enduit de boue, de matières qui les rendent ternes et les salissent, avec cela on les frotte vigoureusement, et puis

1. Esprit, p. 134.
2. Sum II (Sr Marthe de Jésus).
3. Cir/MTr.

ils resplendissent comme l'or. Les tentations sont comme cette boue pour l'âme, elles ne servent qu'à faire briller en elle les vertus opposées à ces mêmes tentations[1]. »

Si Thérèse « dit toujours la vérité », c'est donc avec l'amour et la tendresse de Jésus. « Ses décisions sont très claires et très justes[2] », mais elle n'agit pas de force, par voie d'autorité ; elle explique, elle persuade, soucieuse de redresser et non de briser.

Pendant la maladie de Sœur Thérèse, les novices n'eurent que rarement la permission de lui rendre visite : « Un jour, raconte Sœur Marie de la Trinité qui aimait beaucoup la sainte, n'en pouvant plus de peine et de combat, j'allai à l'infirmerie, et j'exhalai mes plaintes devant une autre sœur. La Servante de Dieu me gronda fortement pour mon manque de vertu et me renvoya. Mais le soir elle me fit remettre ce billet :

« Ma chère petite Sœur, je ne veux pas que vous soyez triste, vous savez quelle perfection je rêve pour votre âme, voilà pourquoi je vous ai parlé sévèrement. J'aurais compris votre combat et je vous aurais consolée doucement si vous ne l'aviez pas dit tout haut et si vous l'aviez gardé dans votre cœur tout le temps que le Bon Dieu l'aurait permis. Je n'ai plus qu'à vous rappeler que notre affection doit être cachée désormais[3]. »

Ainsi, avec des précautions infinies[4], Thérèse va chercher au fond du cœur la petite étincelle généreuse qui jaillit encore, la parcelle de bonne volonté, le désir de Dieu qui persiste toujours sous les tempêtes, les ombres ou les fluctuations de surface. Faisant appel à l'amour de la novice pour Jésus, elle le réveille et l'attise

---

1. Cir/MTr.
2. Sum II (Sr Marie de la Trinité).
3. *LT 249, 8-13/7/1897.*
4. Cf. Esprit, p. 82.

souvent de toute sa propre ardeur. Une de ses compagnes lui exposant un jour sa crainte de perdre des grâces par ses petites infidélités journalières, reçoit cette réponse : « Comme le Bon Dieu est toute miséricorde et que vous avez bonne volonté, ce n'est pas vous qui perdez, mais c'est Lui qui perd de l'amour[1]. » Admirable mise au point, et qui nous laisse émerveillés des profondeurs de l'âme de Thérèse, comme de sa science pédagogique. Par ces quelques mots, elle chasse la crainte qui paralyse, mais bien davantage encore elle excite l'amour le plus pur, le plus désintéressé, elle détourne un regard qui s'arrêtait sur soi, pour le fixer sur Dieu.

« Sans se l'avouer, parfois, témoigne Sœur Geneviève, toutes goûtaient la direction de Thérèse, et bien qu'elle ne fût point faite de tendreté et de mollesse, on y recourait par un besoin naturel de vérité[2]. »

Dans un tel climat d'ouverture, d'amour claivoyant, sous la conduite d'une maîtresse qui, loin de faire écran à Dieu, ne veut être que son instrument, les novices se rendent au maximum de leurs possibilités. Comment pourraient-elles oublier des leçons si vivantes ? Confiance, joie, liberté : tout concourt à leur assurer une croissance harmonieuse et personnelle.

---

1. Esprit, p. 12.
2. Sum II (Sr Geneviève).

CHAPITRE II

L'INTENTION DE THÉRÈSE

Tous les génies et tous les saints connaissent cette poursuite inlassable d'un grand dessein qui draine et unifie toute leur existence. Mais cette idée-force, qui, chez les génies, résulte d'une intuition personnelle, naît chez les saints d'une réelle inspiration divine, fidèlement suivie, chaque jour méditée et approfondie.

Ce que fut son intuition fondamentale, Thérèse le déclare sans ambages, et toute sa conduite confirme ce témoignage : elle n'eut jamais qu'un seul désir : AIMER JÉSUS ET LE FAIRE AIMER.

« Je vous en prie, écrit-elle à une sœur du Carmel de Saïgon, demandez à Jésus que moi aussi, je l'aime et que je le fasse aimer [1]. »

« Je voudrais L'aimer non de l'amour ordinaire, mais comme les Saints qui faisaient pour Lui des folies [2]. » Et au frère Siméon : « *La seule chose* que je vous prie de demander pour mon âme, c'est la grâce *d'aimer* Jésus et de *Le faire aimer* autant que cela m'est possible [3]. »

C'est là un véritable refrain dans toutes les lettres de ses dernières années, c'est l'intention centrale qui avait

1. LT 225, 2/5/1897.
2. LT *ibidem*.
3. LT 218, 27/1/1897.

envahi toute sa vie et présidait à son travail auprès des novices.

Mais pour mieux comprendre l'importance de cette dominante dans la vie de sainte Thérèse devenue maîtresse des novices, il faut en étudier au moins sommairement l'origine et l'évolution tout au long de sa vie spirituelle.

I. La recherche de « Jésus seul » dans la vie de Thérèse

Quand on possède le réalisme de Thérèse, on ne construit pas sa vie avec une telle exclusive sur une valeur quelle qu'elle soit, si l'on n'en a pas éprouvé auparavant l'urgence et la solidité. Pour qu'à l'âge de vingt ans, dans sa charge et dans son existence quotidienne, Thérèse apparaisse orientée de façon aussi radicale vers Dieu seul, il faut qu'elle ait eu de Lui une profonde expérience.

Cette expérience, en effet, lui a été donnée dès l'enfance et se fit de jour en jour plus convaincante, envahissant tout le champ de son intelligence, captivant sa volonté et son cœur, satisfaisant tout son être comme seuls la Réalité et l'Amour de Dieu peuvent le faire.

Naturellement très douée, Thérèse aimait spontanément le grand, le beau [1] et possédait cet esprit de finesse, cette clarté d'intuition qui fait aller d'emblée au fond des choses, sans se laisser fasciner par les apparences. La foi reçue au sein d'une famille exceptionnellement chrétienne avivait encore sa clairvoyance naturelle. Aussi, dès l'éveil très précoce de sa raison, voyons-nous l'enfant pressentir le Tout de Dieu et la vanité de tout à côté de lui. Elle eut comme d'instinct cette certitude

---

1. Ms A, 46 v°.

qu'un saint Augustin ou d'autres acquièrent par une expérience souvent longue et douloureuse : tout ce qui n'est pas Dieu passe, tout ce qui passe n'est *rien,* et ce rien laisse notre cœur, lorsqu'il essaye de s'en nourrir, absolument insatisfait[1].

Cette science, Thérèse l'a tirée de choses en apparence insignifiantes : la confiture « vieillie et rentrée[2] », l'agnelet d'un jour qui meurt, etc.

« Tu ne sais pas, ma chère marraine, combien la mort de ce petit animal m'a donné à réfléchir. Oh ! oui, sur la terre il ne faut s'attacher à rien, pas même aux choses les plus innocentes, car elles vous manquent au moment où l'on y pense le moins. Il n'y a que ce qui est éternel qui peut nous contenter[3]. » Peu de chose suffit aux êtres profonds pour les amener à réfléchir. Il en est ainsi dans la vie de Thérèse ; d'humbles événements ont été importants pour elle parce que le regard qu'elle portait sur eux était grand, et grand aussi le cœur qui vibrait à leur contact. Et l'enfant, faisant l'expérience du monde à travers son petit univers, en touchait tristement les limites et restait affamée d'autre chose.

Au cœur de sa mélancolie d'orpheline, Dieu la rejoignait et œuvrait, faisant de sa situation de détresse humaine le tremplin de sa grâce : la petite Thérèse était à l'école de Dieu qui lui révélait la science des saints en lui parlant dans le secret du cœur ou par des détails à la portée de son âge. Rappelant le temps de son enfance où, dans la solitude de son alcôve, elle « pensait » à la rapidité de la vie, à l'éternité, Thérèse affirme en effet :

« ... Je comprends maintenant que je faisais oraison

---

1. Ces mots, comme dans les autres passages similaires, sont à prendre au sens mystique : la créature n'est rien *en dehors de Dieu,* elle est pure relation à Lui.
2. Ms A, 14 v°.
3. LT 42, 21/2/1888.

sans le savoir et que déjà le Bon Dieu m'instruisait en secret[1]. »

Désir d'aimer Jésus et de le faire aimer à tout prix

Dieu est Tout, et ce qui est passager ne mérite pas qu'on s'y attache. Mais qui n'aurait expérimenté que cette terrible dévaluation du créé devant la Réalité de Dieu, ne risquerait-il pas de désespérer ? Ou ne finirait-il point par reléguer cette certitude dans le domaine des abstractions pour vivre en fait comme s'il n'en savait rien ?

C'est qu'en vérité il y a autre chose. Entre le Tout sublime de Dieu et le rien décevant de l'homme existe le lien le plus vivant, le plus réel et le plus mystérieux : l'Amour. Et c'est parce qu'elle a connu l'Amour de Dieu pour elle, que l'intuition première de Thérèse est devenue une conviction ardente, absolument irrésistible. C'est surtout au jour de sa première communion que Thérèse a expérimenté l'amour :

« Ah ! qu'il fut doux le premier baiser de Jésus à mon âme !... Ce fut un baiser d'amour, je me sentais aimée[2]. »

Dès lors, l'unique mouvement de ce qu'elle *sait* — le Tout de Dieu et le rien du reste — et de ce qu'elle *sent* — l'Amour Infini dont elle est personnellement aimée — c'est de tendre vers Dieu seul, de s'offrir entièrement à Lui, de n'aimer que Lui : « Je Vous aime, je me donne à Vous pour toujours[3]. »

L'aboutissement de cette évolution profonde et rapide, c'est l'appel définitif au Carmel. L'invitation divine s'était fait entendre à la fillette à peine âgée de

---

1. Ms A, 33 v°.
2. Ms A, 35 r°.
3. Ms A, 35 r°.

deux ans et demi[1]. Mais c'est seulement un jour de septembre ou d'octobre 1882 qu'elle se précise irrévocablement : « Je sentis que le Carmel était le désert où le Bon Dieu voulait que j'aille aussi me cacher... Je le sentis avec tant de force qu'il n'y eut pas le moindre doute dans mon cœur[2]. » Et d'emblée, l'enfant adhère à cet appel avec une certitude telle qu'elle n'hésite pas à en parler à son aînée et à la prieure elle-même.

C'est la plus rigoureuse logique : « Etre pour Jésus seul[3] », a murmuré le cœur de Thérèse, et la vie religieuse lui est apparue comme celle où elle réaliserait le plus parfaitement ce désir.

Il semble qu'il n'y ait rien là encore qui prépare de près ou de loin Thérèse à devenir apôtre. Le cœur de la petite fille est uniquement tourné vers Dieu. Eh bien ! c'est aussi du Christ que lui viendra l'amour des autres, car l'amour vient de Dieu.

A vrai dire, par la grâce de Noël 1886[4], Dieu avait déjà ouvert aux autres ce cœur tout à Lui, mais c'est par la grâce de juillet 1887[5] qu'Il le fait clairement et lui donne le sens de la Rédemption. Depuis ce jour où elle a vu couler en vain le sang du Crucifié, Thérèse brûle d'amour pour les pécheurs ; mais elle les aime et les veut pour Jésus seul. « Plus je lui donnais à boire, écrit-elle, plus la soif de ma pauvre petite âme augmentait, et c'était cette soif ardente qu'Il me donnait comme le plus délicieux breuvage de son amour[6]... »

Rarement, peut-être, le tourment apostolique a été, sinon ressenti, du moins exprimé dans un rapport plus

---

1. Ms A, 6 r°.
2. Ms A, 26 r°.
3. LT 141, 25/4/1893.
4. Ms A, 45 r°.
5. Ms A, 45 v° et CJ 1. 8. 1, DE, p. 291.
6. Ms A, 46 v°.

étroit, plus profond avec l'amour unique du Christ Sauveur. Mais c'est là un amour brûlant et terrible qui entraîne loin. Pour apaiser la soif de son Bien-Aimé, Thérèse veut sauver les hommes : « Ce n'était pas encore les âmes de prêtres qui m'attiraient, mais celles des grands pécheurs, je brûlais du désir de les arracher aux flammes éternelles... Je voulus à tout prix l'empêcher (Pranzini) de tomber en enfer [1]. » Elle avait entendu parler de cet assassin fameux qui défrayait la chronique, et elle résolut d'obtenir son repentir par la prière et le sacrifice. De fait, au moment d'être guillotiné, Pranzini embrassa par trois fois le crucifix qu'il avait auparavant refusé de considérer. Thérèse le regarda toujours comme son « premier enfant ».

Elle se met donc à aimer la souffrance, à en faire sa joie. On la voit, durant toute sa vie, accepter vaillamment les épreuves qui l'assaillent, désirer sans cesse la croix, et la choisir même, sous la forme de mille petits sacrifices quotidiens. Mais, quelque aspect qu'elle revête, la souffrance a toujours désormais pour Thérèse un sens, une valeur apostoliques. Si bien qu'avant de mourir, elle peut s'écrier : « Je n'aurais jamais cru qu'il fût possible de tant souffrir !... Je ne puis m'expliquer cela que par les désirs ardents que j'ai eus de sauver les âmes [2]. »

Ainsi la sainte, qui sait ce que Dieu a opéré en elle, n'hésite pas — et sur son lit de mort ! — à rattacher l'immensité de sa souffrance au zèle qui l'a dévorée. Eloquent témoignage ! Et quiconque est apôtre, peut s'en convaincre avec Thérèse : pour qu'un seul être se tourne librement vers Dieu, il faut beaucoup offrir, beaucoup souffrir.

---

1. Ms A, 45 v°.
2. CJ 30. 9, DE, p. 383.

Par la fidélité à sa vocation propre

Comment Thérèse va-t-elle répondre à cette double exigence d'aimer et de faire aimer Jésus ?

Par une héroïque fidélité à la vocation qu'elle a reçue, dans son esprit profond et dans sa lettre, et cela à chaque instant. Par cette fidélité seule en effet, peut être entretenue et valorisée une telle grâce, bien souvent perdue ou dilapidée par des cœurs moins attentifs.

Thérèse se sait apelée au Carmel, elle est près d'y entrer. Elle connaît parfaitement sa vocation comme vocation à la vie purement contemplative, et son zèle apostolique si ardent, loin d'être un obstacle à cette vie, ne fait réellement plus qu'un avec elle.

Si, malgré son désir de se dépenser en œuvres apostoliques, Thérèse obéit à l'appel divin qui la sépare de tout, c'est parce qu'elle est sûre des promesses de Jésus : sa fidélité à Dieu sera plus utile au monde qu'une activité qu'Il ne veut pas pour elle. Mais elle ne renonce pour autant à aucun de ses deux amours. Ils sont au contraire déjà si étroitement unis en son cœur qu'elle peut dire indifféremment : « Je veux me cacher dans un cloître pour me donner plus totalement au Bon Dieu [1] » et : « Disant au monde un éternel adieu, mon unique but était de sauver les âmes, surtout les âmes d'apôtres [2] ».

Dieu ne trompe pas Thérèse et ne lui enlève rien. Tout au contraire. C'est dans sa fidélité au premier amour que la sainte découvrira mieux les dimensions de l'autre. « Plus je suis unie à Lui, plus aussi j'aime toutes mes Sœurs [3]. » « Lorsqu'une âme s'est laissé captiver

---

1. A Céline : Esprit, p. 26.
2. LT 201, 1/11/1896.
3. Ms C, 12 v°.

par l'odeur enivrante de vos parfums, elle ne saurait courir seule, toutes les âmes qu'elle aime sont entraînées à sa suite, cela se fait sans contrainte, sans effort, c'est une conséquence naturelle de son attraction vers Vous [1]. »

Fidèle dans son idéal apostolique à sa vocation profonde, Thérèse ne l'est pas moins dans le choix des moyens employés. Le premier, le plus grand, est bien pour elle l'accomplissement intégral de son devoir d'état. Elle veut ne laisser passer aucun des sacrifices qui résultent de l'observance de sa Règle, et vivre sa vie religieuse dans toute la plénitude de ses exigences. C'est en faisant, par amour, de moment en moment, tout ce qu'elle doit faire qu'elle entend rayonner sur les âmes proches ou lointaines.

Qu'on se la rappelle, exténuée de fatigue et « marchant pour un missionnaire [2] », qu'on la voie accepter sa cruelle épreuve contre la foi en pensant aux incroyants [3] et offrir pour eux les souffrances de sa maladie, tout dans l'existence et le travail de Thérèse apparaît marqué par ce désir d'action universelle qui embrase son cœur. Et par-dessus tout, à chaque instant, c'est au moyen infaillible qu'elle a recours : la prière ! Elle en remplit sa vie.

Elle reste ainsi dans la profonde logique de son unique attrait : ce qu'elle veut donner au monde, ce n'est rien moins que Jésus, et les êtres, elle veut les donner à Jésus seul. C'est là une fin surnaturelle qu'aucun moyen terrestre, nulle parole, nulle démarche d'homme ne peuvent atteindre par eux-mêmes. On ne communique pas Dieu, on ne dispose pas de lui. Mais on peut L'incliner par amour à se donner, lui qui est l'Amour, c'est là ce qu'Il attend et désire.

1. Ms C, 34 r°.
2. HA, p. 177. Parole dite à Sr Marie du Sacré-Cœur (Sum II).
3. Ms C, 5 v°.

Tel est bien le plan de Thérèse : elle y emploie donc avant tout les instruments apostoliques par excellence que lui offre sa vocation, et travaille à demeurer en adhésion la plus étroite possible à la volonté de Dieu.

Et ce faisant, elle se prépare sans le savoir à sa tâche d'éducatrice, car avant d'être pour les autres un guide et un appui, il lui était indispensable d'être pleinement, et pour Jésus seul, ce qu'Il désirait d'elle.

II. LA RECHERCHE DE « JÉSUS SEUL » DANS LES CONTACTS HUMAINS

Telle nous apparaît Thérèse dans sa vie, telle nous la retrouvons dans son rôle d'éducatrice. Comment eût-elle pu chercher autre chose que le Christ dans sa fonction auprès de ses jeunes sœurs ? Là plus qu'ailleurs, elle travaille uniquement à « L'aimer et à Le faire aimer [1] ». Voyons-la donc à l'œuvre.

Son ministre était caché comme sa vie. Ce n'était pas pour lui déplaire. Elle travaillait dans le silence et l'humilité à s'unir au serviteur souffrant d'Isaïe, au visage voilé. Elle se considérait comme « un petit pinceau [2] » sans valeur, « la petite servante [3] » de ses novices, une « petite écuelle posée à terre [4] ». Elle savait que Dieu aurait fort bien pu se passer d'elle : « Qu'est-ce que cela me fait que ce soit moi ou une autre qui donne cette voie aux âmes ; pourvu qu'elle soit montrée, qu'importe l'instrument [5] ! » Ce détachement faisait d'elle ce parfait instrument.

1. LT 220, 24/2/1897.
2. Ms C, 20 r°.
3. Cf. Ms C, 26 v°.
4. HA, p. 214.
5. Cj 21. 7. 5, DE, p. 274.

Elle dépendait en tout de sa prieure et lui témoignait une soumission et une déférence entière dans l'exercice de sa charge. Ce ne fut pas sans mérites, étant donné la différence profonde de tempérament entre Thérèse et Mère Marie de Gonzague. Mais en cela aussi Thérèse devait trouver bon de rencontrer la contradiction et la croix. Sa conduite fut si parfaite qu'après sa mort, la prieure put lui rendre ce magnifique témoignage :

« Modèle accompli d'humilité, d'obéissance, de charité, de prudence, de détachement et de régularité, elle remplit la difficile obédience de maîtresse des novices avec une sagacité et une perfection qui n'avaient d'égal que son amour pour Dieu [1]. » Il arrivait d'ailleurs que sa Mère prieure ou la communauté fassent à Thérèse des reproches et se plaignent du peu de progrès des novices. Elle profitait de ces occasions pour s'accuser, et tenait compte des avis qu'on lui donnait, pensant qu'ils venaient de Dieu. « Elle ne disait jamais ses peines et ses ennuis... et mettait toute sa confiance en Dieu dans ses difficultés [2]. »

Elle est désintéressée dans son amitié fraternelle pour ses sœurs : « Je suis prête à donner ma vie pour eux [les petits agneaux], écrit-elle, mais mon affection est si pure que je ne désire pas qu'ils la connaissent [3]. » Sans doute Thérèse aime sincèrement ses novices, telles qu'elles sont, avec leurs qualités et leurs déficiences, mais c'est de l'amour même que Jésus verse en son cœur, et c'est pour les attirer à Lui. Elle garde son propre cœur sans partage, car sa charité pleine de tendresse [4], d'exquise sollicitude, jaillit tout naturellement de son amour du Christ. Et les novices « dans le fond sentent qu'elle les

---

1. *Lettres* (1948), p. 324, note 1.
2. Sum II (Mère Agnès).
3. Ms C, 23 v°.
4. Cf. DE, *passim*.

aime d'un véritable amour[1] », le seul dont elles aient besoin d'être aimées. Elle ne cherche pas davantage à se faire aimer pour elle-même. Il est remarquable qu'elle ne chercha jamais à se concilier l'affection des novices par les concessions de la prudence humaine. Elle cherchait uniquement leur perfection, et tâchait de le prouver même aux dépens de sa popularité. « J'ai été cent fois le témoin, déclara Mère Agnès, de la fidélité qu'elle avait d'agir envers elles suivant sa conscience[2]. »

« Son zèle à mon égard, comme à l'égard des autres novices, témoigne Sœur Marthe de Jésus, était très pur et désintéressé. Elle ne craignait pas de nous mécontenter et de se priver ainsi de la popularité et des témoignages d'affection que lui aurait attirés peut-être une conduite plus faible en face de nos défauts[3]. »

Thérèse ne refuse cependant pas l'affection qu'on lui porte quand elle est pure. Elle n'ignore point que c'est un élément nécessaire à la conduite des âmes : « Elle est bonne, elle m'aime bien », écrit-elle d'une de ses « filles » à sa sœur Céline[4], mais elle travaille inlassablement à purifier cet attachement, à fortifier le cœur des novices. Elle entend ne les diriger que vers Dieu et vers l'autorité qui Le représente. « Jamais, avec la grâce de Jésus, je n'ai essayé de m'attirer leurs cœurs ; j'ai compris que ma mission était de les conduire à Dieu et de leur faire comprendre qu'ici-bas, vous étiez, ma Mère, le Jésus visible qu'ils [les petits agneaux] doivent aimer et respecter[5]. » Et l'on sait d'ailleurs, par son propre témoignage, combien elle a veillé à ce que l'amour de ses sœurs pour leur prieure fût vraiment

1. Ms C, 23 r°.
2. Sum II.
3. Sum II.
4. LT 167, 18/7/1894.
5. Ms C, 23 v°.

purifié. C'est à Dieu qu'elle veut les donner sans partage[1]. Chargée de la formation de religieuses, épouses du Christ, elle sait que ce serait une infidélité que de prendre pour elle-même un peu de leur affection naturelle. Elle le sait parce qu'elle a sondé les profondeurs de sa vocation, les exigences de l'amour du Christ, et le bonheur aussi que l'on goûte à tourner tout son être vers Lui.

Elle vise Dieu avec une pureté si intransigeante, qu'elle n'a même pas pour but de « faire du bien aux âmes », de leur faire comprendre telle ou telle chose, de les voir avancer grâce à ses soins. C'est pour Dieu seul qu'elle œuvre et de lui seul qu'elle attend toute efficacité.

Thérèse s'est révélée tout entière dans une précieuse confidence à Sœur Geneviève : « Le temps que j'ai passé à m'occuper des novices a été pour moi une vie de guerre, de lutte. Le Bon Dieu a travaillé pour moi, je travaillais pour Lui, et jamais mon âme n'a tant avancé... Je ne cherchais pas à être aimée, je ne m'occupais pas de ce que l'on pouvait dire ou penser de moi, je ne cherchais qu'à faire mon devoir et à contenter le Bon Dieu, sans jamais désirer que mes efforts portent leurs fruits. Il faut servir le Bon Dieu, aimer le bien sans s'inquiéter si cela lève. A nous le travail, à Jésus le succès. Ne jamais craindre la bataille quand il s'agit du bien du prochain, reprendre en dépit de sa tranquillité personnelle et beaucoup moins dans le but de réussir à ouvrir les yeux des novices que dans celui de servir le Bon Dieu. Travailler toujours et laisser à Dieu le soin de la réussite[2]. »

Thérèse pousse-t-elle trop loin le détachement ? Est-

---

1. Cf. l'histoire de sœur Marthe, Ms C, 21 r°/v°.
2. Sum II (Sœur Geneviève).

ce illégitime de chercher à faire du bien ? N'est-ce pas en cela même que consistait son rôle ? Sans doute ; Thérèse la première n'est pas avare de tout ce qui peut soutenir, éclairer, former et consoler ses sœurs. Elle se dépense auprès d'elles sans compter, mais n'agit ni pour sa propre satisfaction ni pour obtenir un résultat quelconque. Elle veut tout simplement faire son devoir sans une ombre d'égoïsme. Cette attitude lui permet d'accomplir inlassablement sa tâche ; n'espérant pas le succès, elle n'est jamais déçue de ne pas l'obtenir ; elle n'a aucun sujet de lassitude, de découragement, aucun risque de préférer celle-ci à celle-là, de faire plus pour l'une que pour l'autre. « Si nous trouvons une âme désagréable, ne nous rebutons pas, ne la délaissons jamais. Ayons toujours " le glaive de l'Esprit " pour la reprendre de ses torts, ne laissons pas aller les choses pour conserver notre repos ; combattons sans relâche, même sans espoir de gagner la bataille. Qu'importe le succès ! Allons toujours, quelle que soit la fatigue de la lutte... Il faut faire son devoir jusqu'au bout [1]. » Thérèse est prête à tout risquer, à s'exposer elle-même pour le bien des âmes : « Quoi qu'il puisse arriver, promet-elle, je vous dirai la vérité ! J'aimerais mieux être obligée de quitter la Communauté que de laisser une âme dans l'ignorance [2]. »

La prière et le sacrifice demeurent ses armes de choix [3]. Ce n'est pas sans peine en effet qu'elle agit avec tant de rectitude, qu'elle veille sur ses sœurs et les reprend de leurs fautes. « Mais je sens, avoue-t-elle, qu'il est très nécessaire que cela me soit une souffrance, car, lorsqu'on agit par nature, c'est impossible que l'âme à laquelle on veut découvrir ses fautes comprenne ses

---

1. CJ 6. 4. 2, DE, p. 201.
2. Sum II (Sœur Marie-Madeleine du Saint-Sacrement).
3. Ms C, 33 v°.

torts[1]. Pour moi, il en est de cela comme du reste... Ainsi, quand je parle avec une novice, je tâche de le faire en me mortifiant... car il me semble qu'on ne peut faire aucun bien lorsqu'on se recherche soi-même[2]. »

Thérèse mit en pratique ces principes avec une telle persévérance que Sœur Geneviève put déclarer au Procès de Canonisation : « Ce qui faisait toute la force de notre jeune maîtresse était son entier dégagement d'elle-même, elle s'oubliait complètement et veillait toujours à se mortifier[3]. » C'est à ce prix que Thérèse a pu garder dans ses contacts avec les novices son unique regard sur Dieu, à ce prix aussi qu'elle a pu faire œuvre vraiment solide et durable.

Céline ne fut d'ailleurs pas la seule à lui rendre ce témoignage. La rectitude de la vie de Thérèse impressionna toutes ses novices. En l'approchant, toutes ont pressenti l'indéniable grandeur que confère à une vie consacrée une intention aussi inflexible. Témoin ce geste admiratif d'une jeune sœur qui alla un jour jusqu'à s'agenouiller devant elle. Joignant les mains et inclinant la tête, Sœur Marie de la Trinité s'écria : « Oh ! Sœur Thérèse de l'Enfant-Jésus, vous n'êtes pas comme les autres ; je suis sûre qu'après votre mort on se prosternera devant vous en disant : " Sainte Thérèse de l'Enfant-Jésus, priez pour nous ! " » Elle s'attira, de la part de Thérèse, cette aimable réprimande : « Que vous êtes enfant ! Allons, assez vous moquer de moi[4] ! »

1. Ms C, 23 r°.
2. Ms C, 32 v°.
3. Sum II.
4. Cir/MTr, p. 14.

Chapitre III

LE SECRET DE L'ACTION DE THÉRÈSE

« Jésus seul[1] » : l'aimer, le faire aimer, dans la fidélité à sa vocation personnelle, telle est donc l'intention qui commande et vivifie les pensées de Thérèse, maîtresse des novices. Mais comment s'y prend-elle pour réaliser son dessein, pour œuvrer sans cesser de regarder Jésus[2] ? Quel est, en un mot, le secret de son étonnante efficacité ?

Lorsque Thérèse exprime sa manière d'aider ses sœurs, elle a déjà trouvé sa propre voie vers la sainteté, et pour elle les deux choses n'en font qu'une. Ici encore il nous sera donc utile, si nous voulons comprendre vraiment Thérèse éducatrice, de la suivre dans l'expérience qui a précédé et l'a menée à la découverte de son « petit chemin ».

I. Le secret de Thérèse dans sa vie

Thérèse avoue elle-même n'avoir pas découvert tout de suite sa Voie de confiance et d'amour. Elle a tâtonné, cherché ; elle a souffert, prié.

1. P 32, 15/8/1896.
2. Ms C, 22 r°.

Durant sa vie entière Thérèse apparaît comme particulièrement appliquée à faire tout ce qu'elle peut. Elle s'est donnée au Christ sans réserve, et sa fidélité aux grâces divines fut telle qu'elle avoua à l'une de ses novices : « Oui, depuis l'âge de trois ans, je n'ai rien refusé au Bon Dieu[1]. »

Jamais sa faiblesse ne lui servit de prétexte pour éviter un effort. Si petite qu'elle fût, elle a voulu donner sa pleine mesure, correspndre à toutes les exigences de Dieu, répondre à toutes ses avances. « Je m'efforce toujours d'agir comme si je l'avais fait (le vœu du plus parfait). D'ailleurs, je ne comprends pas qu'une âme qui aime le Bon Dieu, et surtout une Carmélite, puisse agir autrement, car c'est un devoir de notre vocation[2].

Thérèse n'a pas accompli selon sa propre expression « les actions des Saints[3] », mais elle a, durant toute sa vie, et jusqu'à ses derniers jours, donné à Jésus, minute par minute, ce que pouvait lui donner « *une très petite âme* qui ne peut offrir au Bon Dieu que de *très petites choses*[4] ». Rien d'extraordinaire en ses œuvres et ses sacrifices, sinon la délicatesse d'un amour qui ne laisse rien passer sans l'offrir.

« A la mort, disait-elle, quand je verrai le Bon Dieu si bon, qui voudra me combler de sa tendresse pendant toute l'éternité, et que moi je ne pourrai plus jamais lui prouver la mienne par des sacrifices, cela me sera impossible à supporter, si je n'ai pas fait sur la terre tout ce que j'aurai pu pour Lui faire plaisir[5]. » Et elle l'a fait.

La place restreinte accordée à la recherche de la mortification extérieure, l'absence d'actions extraordi-

---

1. HA, p. 212.
2. Cir/MTr, p. 13.
3. CJ 9.8.4, DE, p. 314. Cf. Ms A, 75 v°.
4. Ms C, 31 r°.
5. Esprit, p. 48.

naires et certaines expressions de Thérèse ne doivent donc pas donner le change et faire minimiser la « petite voie ». Qui médite l'*Histoire d'une âme,* découvre sans peine les épines malgré l'ardeur que Thérèse met à cueillir les roses qui les cachent.

Cela dit pour situer la voie d'enfance dans l'atmosphère où la voulait Thérèse, c'est-à-dire aux antipodes du quiétisme paresseux et de toute confiance présomptueuse.

A une novice qui lui manifestait un jour le désir de communiquer sa petite doctrine à ses parents et amis, la jeune maîtresse en effet répondit vivement : « Oh! faites bien attention en vous expliquant, car notre petite voie mal comprise pourrait être prise pour du quiétisme ou de l'illuminisme. Ne croyez pas que c'est une voie de repos [1]. » Elle ne l'a pas été pour Thérèse.

Mais s'efforçant de tout accomplir pour plaire à Dieu, elle fait, dans cet exercice même, une expérience à deux faces : négative et positive. Chaque jour, elle connaît mieux son impuissance radicale à se sanctifier, à accomplir ce que Dieu attend d'elle, et en même temps elle expérimente l'efficacité de l'action divine pour opérer en elle l'impossible.

Certes Thérèse, même enfant, était humble. Pourtant, malgré sa dépendance voulue vis-à-vis de Dieu, elle connaît longtemps une certaine tension provenant du hiatus qu'elle constate entre ses aspirations les plus hautes et la pauvreté de ses réalisations quotidiennes. L'expérience de son impuissance lui fut douloureuse comme elle l'est à chacun de nous. Il suffit de suivre le déroulement de son existence pour constater à combien de peines et d'angoisses Thérèse se trouve en buttc, du

---

1. Cité par le P. Petitot dans « Une renaissance spirituelle », p. 193. CJ, Cir/MTr, p. 14.

fait même de sa faiblesse : traumatisme dû à la mort de sa mère (elle a quatre ans et demi), départ brutal de Pauline (sa seconde maman) au Carmel, crainte secrète d'avoir menti, après avoir raconté sa guérison miraculeuse du 13 mai 1883, terrible maladie des scrupules pendant dix-sept mois, lutte vaine contre son hypersensibilité et son penchant aux larmes jusqu'à quatorze ans [1].

Si l'on songe qu'elle porte tous ces tourments à la fois, on mesure mieux quelle fut sa souffrance, mais on comprend aussi que cette souffrance l'affermit dans l'humilité.

A travers chacun de ses échecs, ou dans la tristesse de ses doutes intimes, Thérèse prend douloureusement conscience de son néant, Dieu cependant ne la laisse souffrir ni en vain, ni toujours. Et, se voyant délivrée par Lui seul de toutes ses épreuves, Thérèse acquiert cette certitude profonde : Dieu finit par opérer Lui-même ce que nous comprenons qu'Il veut de nous, tandis que nos efforts seuls n'obtiennent aucun succès.

La grâce de Noël 1886 est particulièrement féconde et pacifiante.

« En un instant, l'ouvrage que je n'avais pu faire en dix ans, Jésus le fit, se contentant de ma bonne volonté qui jamais ne me fit défaut. En peu de temps le Bon Dieu avait su me faire sortir du cercle étroit où je tournais ne sachant comment en sortir [2]. » C'est à partir de ce moment surtout que s'affermit la certitude de la Toute-Puissance de Dieu dans sa faiblesse.

Elle devra pourtant beaucoup souffrir encore avant de savoir ce qu'est l'emprise totale du Christ sur un être, avant d'être établie par lui dans une confiance et une

---

1. Sur tout ceci, cf. Ms A.
2. Ms A, 45 v° et 46 v°.

paix inaltérables. Même après son entrée au Carmel, craintes et troubles continuent de la tenailler[1]. « J'avais alors, nous dit-elle, de grandes épreuves intérieures de toutes sortes[2]. » C'est seulement en 1891, après trois ans de vie religieuse, qu'elle est « comprise d'une façon merveilleuse[3] » par le Père Alexis. Ce religieux lui assura que les fautes qui l'inquiétaient « ne faisaient pas de peine au Bon Dieu[3] ». C'était bien là l'écho de ses pensées intimes, et la voilà « lancée à pleines voiles sur les flots de la confiance et de l'amour qui (l')attiraient si fort, mais sur lesquels (elle) n'osait avancer[4] ».

Thérèse, ainsi guidée par Dieu, de souffrance en souffrance et d'écueil en écueil, s'abandonne désormais tout entière à la confiance, dont la voie vient de lui être ouverte. Qui l'empêchera désormais de devenir « la grande sainte » qu'elle veut être ? « Avec l'Amour, non seulement (elle) avance, mais (elle) vole[5]. »

Tout cependant n'est pas devenu facile, tout n'est pas changé en elle du seul fait qu'elle a confiance. Ces lignes de juin 1897 nous placent au centre du problème qui se pose alors :

« Vous le savez, ma Mère, j'ai toujours désiré d'être une sainte mais, hélas ! j'ai toujours constaté lorsque je me suis comparée aux Saints, qu'il y a, entre eux et moi, la même différence qui existe entre une montagne dont le sommet se perd dans les cieux et le grain de sable obscur, foulé sous les pieds des passants[6]. »

Constatation trop véridique et bien peu exaltante,

1. Ms A, 70 r°. Sum II (Mère Agnès).
2. Ms A, 80 v°.
3. Ms A, 80 v°.
4. Ms A, 80 v°.
5. Ms A, 80 v°.
6. Ms C, 2 v°.

que chacun de nous fait à son heure. Thérèse cependant ne se décourage, ni ne s'épuise en efforts impossibles. Elle n'attend pas davantage que la pratique des vertus la rende capable d'être une sainte. Elle ne croit pas non plus que la grâce pourra tout accomplir en elle, sans elle[1]. Ce qu'elle cherche avec foi et ténacité, c'est le moyen d'être sainte en étant ce qu'elle est : petite, imparfaite et sans forces.

« Je veux chercher le moyen d'aller au ciel par une petite voie bien droite, bien courte, une petite voie toute nouvelle... Moi je voudrais aussi trouver un ascenseur pour m'élever jusqu'à Jésus, car je suis trop petite pour monter le rude escalier de la perfection[2]. »

Confiance en celui qui « ne donne jamais de désirs qu'Il ne puisse réaliser[3] ». Thérèse se tourne vers Lui et s'adressant à l'Ecriture, lit ces mots sortis de la bouche de la Sagesse éternelle : « Si quelqu'un est tout petit qu'il vienne à moi[4] ». Son cœur tressaille. L'offre est claire : Dieu n'attend pas que les tout-petits aient grandi pour s'occuper d'eux ; tels qu'ils sont, Il les invite à s'approcher de Lui.

« Alors je suis venue, devinant que j'avais trouvé ce que je cherchais, et voulant savoir, ô mon Dieu, ce que vous feriez au tout-petit qui répondrait à votre appel, j'ai continué mes recherches et voici ce que j'ai trouvé :

---

1. « Au lieu de me décourager, je me suis dit : le Bon Dieu ne saurait inspirer de désirs irréalisables... Me grandir, c'est impossible, je dois me supporter telle que je suis avec toutes mes imperfections » (HA, p. 119 ; Ms C, 2 v°).
2. Ms C, 2 v° et 3 r°.
3. LT 197, 17/9/1896.
4. Ms C, 3 r°.

« Comme une mère caresse son enfant,
Ainsi Je vous consolerai,
Je vous porterai sur mon sein,
Et Je vous balancerai sur mes genoux [1]. »

Thérèse a trouvé : non seulement les petits peuvent atteindre à la perfection, mais encore c'est Dieu Lui-même qui prend en eux toute la peine, qui accomplit tout par sa douceur et sa miséricorde. « Ah ! jamais paroles plus tendres, plus mélodieuses, ne sont venues réjouir mon âme. L'ascenseur qui doit m'élever jusqu'au Ciel, ce sont vos bras, ô Jésus [2] ! »

Ainsi, Dieu est tout pour les petits. Non seulement Il est leur but unique, mais Il se fait aussi leur chemin, leur divin ascenseur. Ils n'ont qu'à se laisser faire et suivre son mouvement.

Thérèse avait expérimenté l'action divine ; elle savait qu'incapable de se sanctifier par elle-même, elle devait laisser Dieu agir en elle, et avec confiance elle s'abandonnait à son opération. Ce qui est déjà un pas dans la vie spirituelle que trop peu accomplissent généreusement.

Mais l'originalité propre de la Sainte est au-delà. Elle a toutes les audaces de l'enfant qui se sait aimé, et de plus elle possède une finesse, une logique déconcertantes.

Elle sait que Dieu *peut tout* faire en son âme. Elle devine à travers l'Ecriture qu'Il *veut* tout faire dans l'âme des petits ; voilà donc qu'elle décide, non pas seulement de laisser agir Dieu, mais bien de Le *faire agir* en elle, pour elle et à travers elle, et de l'y faire agir sans cesse. Comment donc entend-elle réaliser pareil dessein ?

---

1. Ms C, 3 r° (Is 66, 12-13).
2. Ms C, 3 r°.

1° *En restant petite.* — Thérèse ne peut faire ni atteindre ce qu'elle veut, mais elle sait que Jésus le peut. Elle déclare alors sans ambages qu'elle *veut* toujours rester petite, qu'elle veut ne jamais pouvoir faire sa sainteté afin que Dieu l'accomplisse Lui-même.

« Pour cela, je n'ai pas besoin de grandir, dit-elle, au contraire, il faut que je reste petite, que je le devienne de plus en plus [1] ». « Même chez les pauvres, on donne à l'enfant ce qui lui est nécessaire, mais aussitôt qu'il grandit, son père ne veut plus le nourrir et lui dit : Travaille maintenant, tu peux te suffire à toi-même. C'est pour ne pas entendre cela que je n'ai pas voulu grandir, me sentant incapable de gagner ma vie, la vie éternelle du Ciel. Je suis donc restée toujours petite [2]... »

Elle compte ainsi obliger Dieu à s'abaisser vers son néant. Et c'est alors, mais alors seulement dans la vie de Thérèse, que l'expérience de sa faiblesse lui devient savoureuse à jamais ; elle s'établit amoureusement dans son « rien » de créature. Sa misère est sa joie, son gagne-pain, elle s'en sert à chaque instant comme d'une amorce, d'un appât pour la Toute-Puissance divine.

Car Thérèse, restant petite, ne renonce pas pour autant à ses grandes ambitions de sainteté. Bien au contraire ! En cette acceptation volontaire et joyeuse de sa misère, elle a trouvé l'unique moyen de réaliser ses désirs infinis : le moyen de les faire réaliser par Celui-là même qui les a déposés en son cœur. En consentant à être ainsi imparfaite et misérable, pour que Dieu seul soit en elle sa perfection, sa force et sa sainteté, Thérèse parviendra comme elle le désire « au sommet de la

1. Ms C, 3 r°.
2. CJ 6.8.6. DE, p. 308.

montagne de l'amour[1] », et même elle y parviendra plus vite que par aucun autre chemin. Elle a vraiment découvert, et pour elle et pour nous, une petite voie « bien courte[2] » qui mène jusque dans le cœur de Dieu en beaucoup moins de temps que tous les escaliers humains. Tel est donc le sort enviable des tout-petits : les grands ont nombre de moyens compliqués pour parvenir à la perfection — ou tenter de le faire — les petits n'en ont qu'un, mais infaillible, et c'est Dieu seul.

2° *En s'offrant à l'Amour.* — Thérèse accepte donc sa petitesse et la présente sans cesse à Dieu, comme un motif pour Lui d'agir en elle et par elle. Mais elle accomplit une seconde démarche : elle s'offre à l'Amour miséricordieux. Pourquoi ? Parce que, dans le texte d'Isaïe[3] comme à travers tout l'Evangile, c'est particulièrement l'Amour qui lui est apparu à l'œuvre dans les petits, l'Amour qu'elle a vu penché sur eux, les entourant sans cesse. Aussi brûle-t-elle de se livrer à Lui tout entière. Mais en découvrant son propre secret, Thérèse sent — de là son audace — qu'elle a découvert du même coup le secret de Jésus, sa soif de « laisser déborder les flots de tendresse infinie qui sont renfermés en Lui[4] » dans une multitude de petites âmes, pauvres de tout pouvoir humain et ainsi ouvertes à son action.

Voyant la Charité divine brûler ainsi de se répandre et comprenant la participation qu'elle peut en obtenir, l'ambition de Thérèse n'a plus de limites : c'est à chaque instant qu'elle veut suivre la motion de l'amour, c'est un influx divin incessant qu'elle prétend capter. Elle s'offre

1. Ms B, 1 v°.
2. Ms C, 2 v°.
3. Is 66, 13.
4. Cf. Acte d'offrande (Ms, Appendice, p. 318).

« afin de vivre dans un *acte de parfait amour*[1] ». Elle supplie Dieu de la « consumer sans cesse [2] ». Elle désire s'identifier à Lui jusqu'à partager sa substance [2]. « Je demande à Jésus de m'attirer dans les flammes de son amour, de m'unir si étroitement à Lui qu'il vive et agisse en moi [3]. »

C'est tout l'humain en elle qu'elle veut, non pas supprimer — ce qui serait du quiétisme — mais faire assumer par Dieu et cela s'opère par l'amour. Et lorsque, au soir de sa vie, à Mère Agnès qui lui disait qu'elle avait dû beaucoup lutter pour atteindre le degré de perfection où on la voyait, Thérèse répond avec un accent indéfinissable : « Oh! ce n'est pas cela [4] », elle résume en cette seule exclamation tout son secret et son ambition spirituelle. Sans doute elle a fait effort en sa vie, mais *un* effort : celui de rester unie au Christ, de tout attendre de Lui seul. Mais de cet effort unique est née toute la force réelle de Thérèse, toute son efficacité, car il n'a jamais porté directement sur l'obstacle, il a consisté à tenir fixé sur Jésus seul un regard de confiance. Au lieu de s'inquiéter de sa sainteté, de se tendre vers elle, Thérèse a tout jeté en Dieu. Elle s'en est remise à Lui, ne s'occupant qu'à tenir son cœur toujours ouvert pour le recevoir. Ce saut en l'Amour, cet effort absolu et théologal, cette disposition du cœur a permis à Dieu de prendre Lui-même en charge l'activité de Thérèse et de dépasser son attente en « devenant Lui-même sa vertu et sa sainteté [5] ».

---

1. Cf. *Acte d'offrande* (Ms, Appendice, p. 318).
2. Ms C, 36 r°.
3. Ms C, 36 r°.
4. CJ 3.8.2, DE, p. 299.
5. *Acte d'offrande*.

Car son secret ne l'a pas trompée, « toutes ses espérances ont été réalisées[1] ».

II. LE SECRET DE THÉRÈSE
DANS SES RELATIONS AVEC LES NOVICES

Quand Thérèse, en 1893, faisait ses premières armes d'éducatrice, sa voie personnelle n'était pas explicitée comme elle le sera l'année de sa mort. Ses nouvelles obligations, tout en exigeant d'elle une plus grande vigilance encore, la forcèrent, pour ainsi dire, à objectiver plus tôt ses découvertes spirituelles, afin de les mieux faire partager. Quoi qu'il en soit, dès le début de sa mission, nous voyons Thérèse mettre en pratique ses intuitions fondamentales. Elle ne néglige rien de ce qui est en son pouvoir ; mais, connaissant ses impuissances, elle attend de Dieu seul la force d'accomplir ce qu'elle doit. Mieux encore, c'est Lui qu'elle désire mettre à l'œuvre, à travers elle.

Thérèse prend sa charge au sérieux. Consciente de l'importance de sa mission, elle l'entreprend gravement, tel « un petit pinceau que Jésus a choisi pour peindre son image dans les âmes[2] ». On peut appliquer à cette circonstance une autre confidence. A la même époque, Mère Agnès lui offrit le rôle de sœur spirituelle auprès d'un futur missionnaire : elle y apporte la même fidélité : « Je comprenais les obligations que je m'imposais, aussi je me suis mis à l'œuvre en essayant de redoubler de ferveur[3]. » De fait, sa vigilance est extrême : « Depuis que j'ai pris place dans les bras de Jésus, je suis comme le veilleur observant l'ennemi de la plus haute tourelle d'un château fort. Rien n'échappe à mes

---
1. CJ 31.8.9, DE, p. 351.
2. Ms C, 20 r°.
3. Ms C, 32 r°.

regards... Jamais je n'imiterai le mercenaire, qui, voyant venir le loup, laisse le troupeau et s'enfuit ; je suis prête à donner ma vie pour eux (mes agneaux) [1]. »

Tout le jour, son unique soin est « d'aller souvent les faire paître à l'ombre, de leur indiquer les herbes les meilleures et les plus fortifiantes, de bien leur montrer les fleurs brillantes auxquelles ils ne doivent jamais toucher, si ce n'est pour les écraser sous leurs pas [2] ».

La jeune maîtresse se donne sans réserve à ses fonctions, avec un effort si constant que ses novices la trouvent « sévère [3] ». Mais elle agit dans leur intérêt, quoiqu'il en coûte beaucoup à sa nature. « Autrefois, lorsque je voyais une sœur qui faisait quelque chose qui me déplaisait, et me paraissait irrégulier, je me disais : Ah ! si je pouvais lui dire ce que je pense, lui montrer qu'elle a tort, que cela me ferait du bien ! Depuis que j'ai pratiqué un peu le métier, je vous assure, ma Mère, que j'ai tout à fait changé de sentiment. Lorsqu'il m'arrive de voir une sœur faire une action qui me paraît imparfaite, je pousse un soupir de soulagement et je me dis : Quel bonheur ! Ce n'est pas une novice, je ne suis pas obligée de la reprendre [4]. »

Cette obligation de corriger ses sœurs lui est réellement si pénible qu'elle trouve le prophète Jonas bien excusable de s'être enfui devant la Face du Seigneur, pour n'avoir pas à annoncer la ruine de Ninive [5]. Mais rien ne fait reculer le zèle de Thérèse :

« Plus d'une fois, j'ai entendu dire ceci : " Si vous voulez obtenir quelque chose de moi, il faut me prendre

---

1. Ms C, 23 r° et v°.
2. Ms C, 3 v°.
3. Ms C, 23 r°.
4. Ms C, 27 v°.
5. Ms C, 23 r°.

par la douceur, par la force vous n'aurez rien. " Mais je sais que nul n'est bon juge dans sa propre cause[1]. »

Les « Conseils et Souvenirs » la montrent sans cesse aux aguets. Elle tance une novice qui se plaint d'être fatiguée, qui veut chercher des consolations auprès du Christ, qui vient se faire féliciter d'un acte de vertu ou flâner sur le chemin de la buanderie[2]. Elle enseigne à ses sœurs à ne pas trop se livrer à ce qu'elles font, à ne pas se tourmenter dans leurs emplois, mais à agir toujours avec dégagement d'esprit[3]...

A d'autres moments, elle console, encourage, elle montre comment accepter une humiliation, ou profiter des distractions. Elle écrit une prière pour demander telle ou telle grâce. Elle rédige ces billets où se révèlent à la fois la tendresse de son cœur et la pénétration de son sens psychologique et spirituel. Elle prête un livre susceptible d'aider une sœur avant même de l'avoir terminé. Elle fait profiter ses sœurs de toutes ses lumières intérieures[4].

Cette simple esquisse de Thérèse à l'œuvre nous suffit pour ne pas l'imaginer perdue dans une fausse contemplation, solitaire et nuageuse. L'amour de Dieu la met au service de ses sœurs d'une manière très pratique, très concrète qui engage sa vie de chaque instant. Elle agit, mais sans désordre, sans empressement, avec force et paix. Pas un instant on ne la voit inquiète ou tendue, se départir de son calme, de son recueillement ; à l'affolement d'une novice, elle oppose une parfaite maîtrise d'elle-même ; dans un grave danger, comme celui de

1. Ms C, 23 r° et 24 r°.
2. Cf. HA, p. 223.
3. Cf. CJ 14. 7. 1, DE, p. 262.
4. DCL.

brûler vive à cause d'une imprudence, elle demeure sereine, pleine de confiance, s'offrant à Dieu en silence, sans bouger[1].

C'est qu'elle ne s'est pas leurrée sur le sens et la portée de son action. Elle n'a plus besoin de faire ici concrètement l'expérience de son impuissance ; elle l'a trop mesurée déjà dans l'œuvre de sa sanctification. Incapable de se changer elle-même, elle sent d'emblée qu'elle sera plus incapable encore de réformer les autres. A ses propres impuissances, s'ajoutent en cette tâche les impuissances de ses sœurs et leur liberté. C'est donc d'instinct que Thérèse prend conscience de ses limites.

« Lorsqu'il me fut donné de pénétrer dans le sanctuaire des âmes, je vis tout de suite que la tâche était au-dessus de mes forces[2]. »

« De loin, explique-t-elle, cela paraît tout rose de faire du bien aux âmes, de leur faire aimer Dieu davantage, enfin de les modeler d'après ses vues et ses pensées personnelles. De près, c'est tout le contraire... on sent que faire du bien c'est chose aussi impossible sans le secours du Bon Dieu, que de faire briller le soleil dans la nuit[3]. »

Thérèse se rend compte qu'en lui confiant cette responsabilité, Dieu lui a donné une œuvre divine à accomplir. Elle comprend clairement qu'elle ne peut et ne doit être là qu'un instrument — mais non point inerte — et qu'il lui faut garder souplesse et docilité.

Alors, sans la moindre hésitation, Thérèse met en

1. CSG, p. 157.
2. Ms C, 22 r°.
3. Ms C, 22 v°.

œuvre sa découverte, et plus que jamais se précipite dans son « ascenseur [1] ».

« Je me suis mise dans les bras du Bon Dieu, écrit-elle, comme un petit enfant et... je Lui ai dit : Seigneur, je suis trop petite pour nourrir vos enfants, si vous voulez leur donner par moi ce qui convient à chacune, remplissez ma petite main ; et sans quitter vos bras, sans détourner la tête, je donnerai vos trésors à l'âme qui viendra me demander sa nourriture [2]. » Il est facile de dégager clairement la réalité sous les images qui l'expriment. Thérèse garde en son rôle de maîtresse des novices la même tactique que pour sa propre sanctification : elle ne vise qu'à s'unir à Dieu, dans une acceptation totale de ses impuissances, restant petite et livrée à l'Amour afin de l'obliger à agir Lui-même.

« Depuis que j'ai compris qu'il m'était impossible de rien faire par moi-même, la tâche que vous m'avez imposée ne me parut plus difficile, j'ai senti que l'unique chose nécessaire était de m'unir de plus en plus à Jésus, et que le reste me serait donné par surcroît. En effet, jamais mon espérance n'a été trompée ; le Bon Dieu a daigné remplir ma petite main autant de fois qu'il a été nécessaire pour nourrir l'âme de mes sœurs [3]. »

Ne rien donner à ses novices qui ne soit grâce de Dieu, mais donner à plein ce qu'elle reçoit de lui, sans déformation ni déperdition dont elle soit cause, telle nous apparaît l'ambition de Thérèse blottie entre les bras de Dieu.

Cependant, lorsque pour faire face à ses devoirs, son

---

1. Ms C, 3 r°.
2. Ms C, 22 r° et v°.
3. Ms C, 22 v°.

unique souci est de s'unir intérieurement à Dieu [1], nous savons qu'elle n'entend point exclure par là toute action personnelle et directe. Pas un instant Thérèse ne sépare l'action divine des moyens humains dans lesquels elle s'incarne habituellement. Mais elle les emploie en dépendance absolue de Dieu et quand visiblement Il veut s'en servir pour se donner aux âmes. Là repose toute la justesse de son attitude. Elle a trouvé le parfait équilibre entre un angélisme qui, voulant se passer de tout l'humain, attendrait du ciel des actions toutes faites et l'activisme qui se confierait à ses seules forces.

Devenue, par la volonté de Dieu, première compagne des novices, Thérèse a un devoir d'état très réel et très concret à remplir envers ses sœurs. Elle ne pense pas que Dieu fera tout sans elle, mais elle croit que, l'ayant choisie malgré ou à cause de sa petitesse, Il lui doit dans une large mesure les lumières et les grâces nécessaires à sa tâche. Elle veut donc les obtenir avec fidélité, pour en faire bénéficier ses novices.

Pratiquement, que fait-elle pour cela ? Rien d'autre, comme elle l'avoue, que de se tenir en union habituelle avec le Christ [2], que de ne rien dire ou entreprendre par elle-même sans avoir repris contact avec lui, sans avoir invoqué la Vierge. « Lorsqu'on l'interrogeait, témoigne une novice, elle réfléchissait toujours un instant avant de répondre [3]. » Puis, qu'elle se sente inspirée ou non, Thérèse croit à l'aide divine. Sa dépendance de Dieu la plonge dans la plus radicale humilité. « Le pinceau de son côté ne pourrait se glorifier du chef-d'œuvre fait par lui, il sait que les artistes ne sont pas embarrassés, qu'ils se jouent des difficultés et se plaisent à

---

1. CSG, pp. 73-74.
2. Ms C, 22 v° et cf. CSG, pp. 73-74.
3. Sum II (Sœur Marie de la Trinité).

choisir parfois des instruments faibles et défectueux[1]. »

Mais en même temps, la certitude que ce qu'elle donne vient de Dieu lui permet une fermeté totale. « Je donnerai vos trésors à l'âme qui viendra me demander sa nourriture. Si elle la trouve à son goût, dit-elle, je saurai que ce n'est pas à moi mais à Vous qu'elle la doit ; au contraire, si elle se plaint et trouve amer ce que je lui présente, ma paix ne sera pas troublée ; je tâcherai de lui persuader que cette nourriture vient de Vous, et me garderai bien d'en chercher une autre pour elle[2]. » Cette fermeté n'est pas moins nécessaire à une éducatrice que l'humilité : la fécondité de son action et sa propre paix en dépendent, Thérèse le souligne elle-même.

Néanmoins si Dieu, parce qu'Il l'a faite maîtresse des novices, réalise à travers elle une part de son œuvre, elle n'oublie pas pour autant qu'il en est une autre plus secrète, plus importante, et qu'Il peut bien ne pas vouloir accomplir par son intermédiaire. Elle ne se croit pas nécessaire. Elle sait s'effacer et prier pour ses comparses, demandant à Jésus de travailler directement en elles. Nous l'entendons affirmer à une novice :

« L'oraison sonne, je n'ai pas le temps de vous consoler, d'ailleurs je vois clairement que j'y prendrais une peine inutile, le Bon Dieu veut que vous souffriez seule pour le moment[3]. »

Mais elle ne se tint pas pour quitte avec ce refus, et sut prier pour sa petite sœur, « demandant à Notre-Seigneur de la consoler, de changer son âme et de lui

1. Ms C, 20 r°.
2. Ms C, 22 v°.
3. HA, p. 236.

montrer le prix des souffrances[1] », et elle fut exaucée sur-le-champ. Un fait semblable se reproduisit plus tard pendant la maladie de Thérèse. La même novice, une fois encore transformée intérieurement par Dieu à la demande de sa maîtresse, vint lui dire : « Ne vous inquiétez plus de moi, je n'ai plus de peine. Je sens que vous priez pour moi et vos souffrances m'obtiennent bien des grâces. » « — Oh ! quelle consolation vous me donnez, lui répondit Thérèse, que Jésus est bon d'exaucer ainsi mes prières pour vous[2]. »

Le secret de Thérèse ne fut donc point de renoncer à assumer pleinement sa tâche délicate, mais de ne la considérer jamais comme une œuvre humaine et personnelle ; de refuser qu'elle lui devienne une préoccupation, et de s'en servir au contraire pour adhérer plus fortement à Dieu. Elle a voulu assumer tous ses devoirs, mais sans autre souci que l'Amour. Elle a eu l'héroïsme de vaincre toute agitation, intérieure ou extérieure, elle a fait de sa tâche l'affaire de Jésus. Elle n'a jamais cherché à résoudre seule sur le plan humain, les mille difficultés quotidiennes ; mais gardant le contact avec Dieu, elle a su Lui faire accomplir toutes choses à travers elle et à sa place.

Forte de cette expérience et sûre de l'efficacité de sa méthode, Thérèse put affirmer quelques jours avant sa mort : « Et on peut bien rester petit, même dans les charges les plus redoutables, même en vivant très longtemps. Si j'étais morte à quatre-vingts ans, que j'aurais été en Chine, partout, je serais morte, je le sens bien, aussi petite qu'aujourd'hui[3]. »

*
* *

1. HA, p. 236.
2. Cir/MTr.
3. CJ 25. 9. 1, DE, p. 375.

Dans sa tâche de formation spirituelle, Thérèse s'appuie donc sur le désir de Dieu qu'elle trouve chez ses novices. Elle travaille à libérer, affermir et satisfaire pleinement ce désir en le menant à son terme. Cette intuition qui donne tout son sens à son enseignement va nous retenir maintenant.

L'ENSEIGNEMENT

Le premier objectif de Thérèse, pour purifier de tout mélange leur soif de Dieu, est de convaincre ses sœurs que tout ce qui n'est pas Dieu n'est que néant. Elle s'efforce ensuite de donner pour fondement inébranlable à leur vie spirituelle, la foi en l'Amour. Enfin, pour porter leur désir à son accomplissement parfait, elle apprend aux novices à se livrer à l'Amour dans l'instant présent.

D'ailleurs, l'Evangile lui-même ne suit-il pas le même ordre ? On ne saurait trop faire remarquer à quel point Thérèse a retrouvé la sève de la Bonne Nouvelle et son mouvement vital :

« Aplanissez les chemins du Seigneur et rendez droits ses sentiers[1] », réclame le Baptiste, inaugurant l'œuvre divine.

« Croyez en moi[2] », demande le Christ tout au long de sa vie, c'est-à-dire croyez au trop grand amour de Dieu qui se manifeste tout entier en ma personne.

« Demeurez en mon amour[3] », telle est enfin sa suprême recommandation aux plus fidèles disciples qui l'entourent la veille de sa mort.

De même Thérèse s'appuyant, non point tour à tour, mais en même temps (car la vie ne se découpe pas) sur ce que nous pouvons appeler les trois constantes de son enseignement : renoncement par amour, foi en l'amour, don de soi à l'amour, mène les êtres depuis leur entrée dans la voie de Dieu jusqu'à leur pleine stature spirituelle.

1. Lc 3, 4-5.
2. Jn 14, 1.
3. Jn 15, 9.

Chapitre IV

LES EXIGENCES DE L'ENFANCE ÉVANGÉLIQUE

I. Désir de Dieu

Plus ou moins jeune et cultivée, plus ou moins dépouillée et adonnée à la prière, toute personne qui aborde la vie religieuse le fait, si son appel est authentique, mue par un ardent désir de Dieu. Ce désir est le meilleur indice d'une vocation réelle ; il est à peu près le seul élément valable qu'une novice apporte au monastère, et sans lui tout le reste est pacotille.

Cette aspiration tend surtout vers l'union d'amour à Dieu, dans le cas d'une vocation contemplative, vers un service d'amour de Dieu dans celui d'une vocation à la vie active. Mais, sous l'une ou l'autre forme, elle est indispensable. Car le dynamisme de la grâce, en son essence, est identique en tous les baptisés. Tout chrétien est un fils en marche vers le Père ; toute âme baptisée tend à l'union au Christ-Epoux. La vocation religieuse n'est qu'un appel de Dieu, qui rend ce désir de Lui si frémissant, si absolu, que tout y cède. En réponse à son choix, Dieu demande de laisser libre cours au mouvement profond qui naît de Lui et la porte vers Lui. S'appuyer sur le désir de Dieu, c'est donc s'appuyer sur Dieu même. Déjà sainte Catherine de Sienne enseignait que, seul en nous, parce qu'il peut se dilater à l'infini, le désir est capable d'atteindre Dieu. Thérèse de Lisieux a illustré de son saisissant exemple cette doctrine si sûre et trop oubliée. Le désir revêt chez elle une importance particulière. Dans son action auprès des âmes comme dans sa vie, elle ne craint pas de faire fonds sur lui. « Jamais, dit-elle, s'appuyant sur une maxime de saint Jean de la Croix, le Bon Dieu ne donne de désirs qu'Il ne puisse réaliser[1]. » Elle ne laisse pas éteindre par un confesseur timoré son ardente soif d'aimer qu'il jugeait téméraire. « Dieu m'a fait désirer ce qu'il voulait me donner », affirme-t-elle[2].

Agée seulement de quatorze ans, Thérèse fit une expérience d'éducation qui la révèle tout entière et qui l'éclaire sur cette importance du désir. On lui avait confié pendant quelques jours la garde de deux enfants. Lorsqu'elle voulait obtenir un peu de sagesse de la part « de ses deux petites filles... elle leur parlait des récompenses éternelles ». Et cette manière de les prendre se révéla si efficace qu'à ce souvenir, elle ne peut s'empêcher de s'écrier, admirative :

« Il faut que le Saint Baptême dépose dans les âmes un germe bien profond des vertus théologales, puisque dès l'enfance elles se montrent déjà et que l'espérance des biens futurs suffit pour faire accepter des sacrifices[3]. »

Thérèse n'avait alors affaire qu'à des enfants. Elle n'aura pas à changer de manière lorsqu'elle se trouvera devant des adultes appelés à la perfection de l'amour. Comme elle s'appuyait jadis sur le désir des récompenses futures, elle s'appuie maintenant, avec plus de force et de raison encore, sur le désir du Dieu qui se donne Lui-même. Elle prend ses novices, comme elle a

---

1. LT 197, 17/9/1896.
2. Ms C, 31 r°.
3. Ms A, 52 v°

pris le Christ « par le cœur[1] ». Puis elle ajoute, montrant assez par là qu'elle tient cette conduite pour essentielle : « Ah ! que d'âmes arriveraient à la sainteté si elles étaient bien dirigées[2] ! »

Mais au début de la vie religieuse, ce désir de Dieu n'est encore ni assez fort ni assez pur. La novice vient de quitter le monde. Elle peut y demeurer encore secrètement engagée, et risque, en outre, de s'embourber même dans les choses de la vie spirituelle. Le premier travail de la maîtresse est donc de faire place nette, en libérant ce désir de tout ce qui peut l'étouffer, pour qu'il devienne l'unique mobile de toutes les actions.

Thérèse pour cela, met inlassablement ses jeunes sœurs en face de la Réalité de Dieu et de sa création, leur demandant de ne pas s'arrêter en chemin, mais de choisir résolument entre le Tout et le rien. « Il n'y a que Jésus qui *est,* répète-t-elle, tout le reste *n'est pas*[3]. »

Certes, ce primat absolu de Dieu se présente comme le fondement même de sa spiritualité. La conscience expérimentale qu'en possède une âme, le sens de l'absolu et la soif de simplicité qui en découlent, constituent les éléments indispensables d'une vocation carmélitaine. Mais si Dieu a voulu rendre universel à notre époque le message de Thérèse dans son enracinement carmélitain, n'est-ce point qu'il correspond à un besoin particulière des hommes d'aujourd'hui et qu'il fait écho à l'intuition profonde que Dieu lui-même leur communique sur la Réalité absolue de son Etre

---

1. HA, p. 226 : « Il faut savoir Le (Jésus) prendre par le cœur ; c'est là son côté faible ».
2. Ms A, 53 r°.
3. LT 96, 15/10/1889. En juillet 1890, Thérèse écrivait à sa jeune cousine Marie Guérin, qui se lamentait de sa faiblesse : « Marie, si tu n'es rien, il ne faut pas oublier que Jésus est tout ; aussi faut-il perdre ton petit rien dans son infini tout et ne plus penser qu'à ce tout uniquement aimable » (LT 109).

d'amour ? L'expérience quotidienne de ceux qui approchent les jeunes semble le prouver. On trouve en eux, en même temps qu'une insatiable avidité pour ce qui passe, l'angoissante nostalgie d'autre chose et, chez les mieux doués, une terrible capacité d'aller immédiatement jusqu'au bout de tout, un incoercible besoin de tout risquer.

Mais ils ont besoin aussi d'expérimenter pour croire, et surtout pour pouvoir se donner. Le Christ n'hésite pas à se livrer à leur exigence. C'est ainsi qu'on peut rencontrer des novices encore pleines d'indéniables défauts et comblées de grâces tout aussi indéniables : « Ce que nos mains ont touché du Verbe de vie [1]... », peuvent-elles dire à leur manière avec saint Jean. Et malgré toutes leurs misères elles sont alors éperdues de désir et capables de tout abandonner pour Celui qui les attire.

II. LIBERTÉ

« Le Seigneur est Esprit. Là où est l'Esprit du Seigneur, là est la liberté [2]. »

Cette vérité si chère à Thérèse, est sous-jacente à la plus grande partie des instructions recueillies par ses novices. Liberté et renoncement, telles sont en effet les deux exigences principales qui se dégagent des multiples traits que nous possédons, constituant comme un couple majeur de son enseignement. Or, quel est le principe qui fonde la liberté et le renoncement, et les rend complémentaires, sinon celui-ci : Tout ce qui n'est pas Jésus n'est rien, il faut s'en défaire pour faire place à Jésus seul.

Doucement, mais avec une constance inlassable, la

---

1. 1 Jn, 1, 1.
2. 2 Co 3, 17.

jeune carmélite écarte tout ce à quoi les novices semblent s'arrêter. « Cela n'est pas Dieu », dit-elle équivalemment quand elle en voit une s'inquiéter de quelque chose ; « Ce n'est pas ainsi qu'il faut s'y prendre », quand elle rencontre une recherche trop vive, trop naturelle ; et toujours : « C'est Dieu qu'il faut regarder, désirer, laisser faire ».

Mais comme il est difficile souvent de leur faire comprendre ce qu'est cette liberté spirituelle malgré le besoin profond qu'elles en ont ! Combien il faut de prudence pour la leur faire distinguer de sa contrefaçon qui est relâchement, combien de fermeté pour la leur faire conquérir sur elles-mêmes !

Ce dépouillement intérieur, cette liberté de l'esprit, Thérèse les a farouchement voulus pour ses novices, car ils créent l'atmosphère où peut s'épanouir sans obstacle le vrai désir de Dieu. Elle-même a expérimenté dans sa propre vie, combien ils sont nécessaires. Pour suivre la voie que Dieu lui traçait, Thérèse a dû se dégager de la plupart de ses premières idées, comme de bien des usages qu'elle voyait pratiquer autour d'elle et qui n'étaient d'ailleurs pas de Règle. Elle avait pu les croire un moment bons pour elle, mais dut reconnaître un jour qu'ils n'étaient pas dans son attrait de grâce. Thérèse sait à quelles conditions d'humilité, d'obéissance et de fidélité, cette liberté n'est pas un leurre, et nous la voyons y maintenir avec fermeté ses novices. Malgré le courage qu'exige pareil affranchissement, Thérèse tend sans relâche à le faire accomplir, car elle connaît le fruit qui en procède.

De tout ce qui contraint, fatigue ou embarrasse inutilement les personnes, Thérèse n'accepte rien pour ses sœurs. Elle veut les réduire à n'être que pur désir de Dieu, regard simple sur Lui. « Aux âmes simples, pose-t-elle en principe, il ne faut pas de moyens compliqués[1]. » Elle évacue ce qui sent l'inquiétude ou la tension dans tous les domaines, qu'il s'agisse de l'union à Dieu, de la prière, de la recherche de la perfection, de la mortification elle-même.

Toujours Thérèse montre Dieu et fait aller vers Lui, sans s'arrêter aux moyens : Dieu seul est la fin, le Tout ; les moyens n'ont de valeur et d'importance que dans la mesure où ils sont voulus par lui. Qu'une novice se lamente de n'être pas assez attentive à diriger explicitement sa volonté vers Dieu et de ne rien savoir lui dire de ce qu'elle voudrait, Thérèse la rassure :

« Cette direction n'est pas nécessaire pour une âme toute livrée à Notre-Seigneur. Sans doute il est bon de recueillir son esprit mais doucement, *parce que la contrainte ne glorifie pas le Bon Dieu.* Il devine bien toutes les belles pensées et les formules d'amour que nous voudrions trouver pour Lui, et Il se contente de nos désirs ; n'est-Il pas notre Père et ne sommes-nous pas ses petits enfants[2] ? »

Elle ne complique pas davantage la prière. L'oraison, pour Thérèse est « un office d'amour[3], « c'est quelque chose de grand, de surnaturel, qui lui dilate l'âme et l'unit à Jésus[4] ». Réduite ainsi à l'essentiel, la prière est simple, car tout peut devenir amour. Qu'une novice se plaigne de ses distractions, la maîtresse lui explique comment elle profite des siennes en priant pour les personnes qui l'occupent. Qu'une autre s'inquiète des divagations de son imagination : « J'accepte tout, répond Thérèse, pour l'amour du Bon Dieu, même

1. Ms C, 33 v°.
2. Esprit, p. 192.
3. Ms B, 5 r°.
4. Ms C, 25 r° et v°.

toutes sortes de pensées extravagantes qui me viennent à l'esprit[1]. » S'agit-il de prier à telle ou telle intention, même liberté : « Je ne pouvais pas dire : " Mon Dieu, c'est pour la France ", etc. Le Bon Dieu sait bien ce qu'il faut qu'il fasse : je lui ai tout donné pour lui faire plaisir. Et puis ça me fatiguerait trop de lui dire : Donnez ceci à Pierre, donnez ceci à Paul. Je ne le fais bien vite que lorsqu'une sœur me le demande, et après je n'y pense plus[2]. »

Liberté dans la prière, liberté encore dans la recherche de la perfection. Thérèse veut délivrer ses sœurs de leurs conceptions étroites. Mère Agnès désirait un jour avoir son avis sur différentes pratiques de dévotion ou de perfection, conseillées par certains auteurs spirituels et qui découragent :

« Pour moi, lui répondit Thérèse, je ne trouve plus rien dans les livres, si ce n'est dans l'Evangile. Ce livre-là me suffit. J'écoute avec délices cette parole de Jésus qui me dit tout ce que j'ai à faire : " Apprenez de moi que je suis doux et humble de cœur ", alors j'ai la paix[3]. »

Thérèse luttera toujours contre les pratiques, ou plus exactement contre l'impression que la sainteté consiste dans telle ou telle pratique, dans la possession de telle ou telle vertu. Car alors c'est à ces choses qu'on s'attache et non à Dieu. On retarde ainsi beaucoup, sans peut-être même le sentir, sa marche vers Lui qui est l'Unique nécessaire. On laise s'anémier en soi le désir de Jésus seul, unique moyen vraiment efficace pour L'atteindre.

1. CJ 4. 6. 3, DE, p. 220.
2. CJ 4. 8. 8, DE, p. 302.
3. CJ 15. 5. 3, DE, p. 207.

Dans la mortification elle-même, la maîtresse enseigne qu'il faut garder sa liberté.

A tout ce qui contraint le cœur et occupe l'esprit Thérèse préfère donc l'aisance d'un regard pur qui se porte sur Dieu.

Car il ne s'agit pas le moins du monde (faut-il le dire ?) de donner aux novices ou de revendiquer pour elle-même la liberté de mal faire, ni même celle de toujours choisir entre deux choses la moins parfaite ou la plus agréable. Il s'agit d'une authentique liberté spirituelle, d'une liberté selon l'Esprit, dont elle-même donne cette définition : « Puisque tous ont suivi le mouvement de l'Esprit-Saint et que le Seigneur a dit : Dites au juste que tout est bien. Oui, *tout est bien lorsqu'on ne recherche que la volonté*[1]. » et quelle est la volonté de Dieu, sinon de voir s'établir entre Lui et l'homme un commerce permanent, un réel échange d'amour ? Le but que Thérèse poursuit, c'est donc d'établir et de maintenir les personnes dans un état intérieur de simplicité et de dépouillement, qui leur permette de suivre l'attrait divin sans que rien les arrête, et qui offre un terrain propice au désir que Dieu a déposé en elles comme un germe précieux. On peut dire que Thérèse procure ainsi à Dieu Lui-même la liberté d'attirer plus fortement ses novices, d'agir en elles, sans que rien les enchaîne à autre chose que Lui. La maîtresse, d'ailleurs, respecte Dieu et l'œuvre de la sagesse d'amour au point de vouloir même en désoccuper l'esprit : « Vous n'avez pas besoin de comprendre ce que le Bon Dieu fait en vous, dit-elle, vous êtes trop petite[2]. »

Les quelques textes cités prouvent qu'il ne faudrait

---

1. Ms C, 2 v°.
2. Esprit, p. 192.

pas se méprendre, en se réclamant de Thérèse, sur le vrai sens de la fidélité dans les petites choses. Celle-ci ne consiste ni en une surcharge de pratiques ou de dévotions qui emprisonnent, ni en une surcharge de pratiques ou de dévotions qui emprisonnent, ni en une excessive minutie qui épuiserait les forces vives. En aidant les novices à conquérir leur liberté intérieure, Thérèse veut faire la place au souffle de l'Esprit. En réclamant d'elle l'humble fidélité quotidienne, elle leur apprend à incarner l'esprit dans la lettre que seul il vivifie.

III. Renoncement

Si, pour laisser la place au Seigneur, il ne faut pas resserrer les cœurs, il n'est pas moins nécessaire de leur refuser des satisfactions naturelles. Et c'est pourquoi, parallèlement à la liberté intérieure, et pour que celle-ci ne soit pas trompeuse, Thérèse demande aux novices une extrême vigilance dans le sacrifice.

Elle n'a pas l'intention de les briser, d'écraser leur personnalité. En les exhortant au renoncement, elle veut seulement les ouvrir mieux à Dieu, permettre à l'amour de croître sans mesure en elles. La jeune maîtresse est certes très sévère dans son exigence de sacrifice, elle entend y former solidement ses sœurs, elle les veut mortes à tout ce qui n'est pas Dieu, aussi reprend-elle sur-le-champ tous les manquements dont elle s'aperçoit. Elle les punit même énergiquement, mais elle le fait en montrant uniquement le côté positif des choses : l'amour.

« Un jour de fête, raconte une novice, au réfectoire on avait oublié de me donner, comme à toutes, un dessert qui était de mon goût. Après le dîner, j'allai voir

Sœur Thérèse de l'Enfant-Jésus, et je trouvai justement près d'elle ma voisine de table[1] à qui, adroitement, je fis comprendre son manque d'attention. Sœur Thérèse, m'ayant entendue, m'obligea d'aller demander ce dessert à la sœur chargée du service ; et comme je la suppliais de ne pas m'imposer cette démarche humiliante : " Ce sera votre pénitence, me dit-elle sévèrement ; vous n'êtes pas digne des sacrifices que le Bon Dieu vous demande : c'est Lui qui a permis cet oubli, et vous trompez son attente en réclamant ". Je puis dire, conclut la sœur, que pour toute ma vie la leçon porta des fruits[2]. » A sa cousine Marie assise à côté d'elle au réfectoire, Thérèse devait rappeler bien souvent de baisser les yeux : « Vous n'arriverez jamais à tenir les yeux baissés, si vous ne marquez pas sur votre chapelet de pratiques chaque fois que vous y manquez. C'est le seul moyen... Par amour du Bon Dieu, vous ne voulez donc pas baisser les yeux ? Pensez que vous faites un acte d'amour chaque fois que vous ne les levez pas... que vous sauvez une âme[3]. »

On connaît trop la fidélité de Thérèse aux moindres usages pour qu'il soit utile d'y insister longuement. Mais il importe de mettre en relief que, pour elle, cette vigilance ne doit pas être le fruit d'une application extérieure, elle doit jaillir directement du cœur. Que vaudrait, en effet, une observance de pure forme ? Rien encore ! tandis que le contact avec Dieu est tout. Le renoncement que Thérèse demande est donc simplement l'exigence d'un regard intérieur tout attentif à Dieu. En elle l'amour brûle, et c'est pourquoi ce regard paraît si aiguisé, sa fidélité dans les petites choses si

---

1. Chaque carmélite est chargée de veiller au réfectoire à ce que sa voisine ne manque de rien.
2. Cir/MTr, p. 13-14. Cf. DE, p. 781.
3. Cité par le P. PIAT : *Marie Guérin*, p. 73.

grande et si peu contraignante tout ensemble. Il n'en fut pas ainsi dès le début[1], et Thérèse sait d'expérience qu'il faut du temps et une formation solide pour arriver à cette attentive aisance. Aussi, sans exiger une perfection immédiate, met-elle toujours en relief le motif profond pour lequel elle la réclame.

C'est parce que « l'union à Dieu est une de ses particulières recommandations[2] » qu'elle reprend une novice qui fredonne un cantique d'un air distrait, une autre qui, par inattention, s'assied de travers sur sa chaise ; après quoi elle dit tristement : « ... Oh ! qu'il y a peu de parfaites religieuses, qui ne font rien n'importe comment et à peu près, se disant : Je ne suis pas tenue à cela, après tout... Il n'y a pas grand mal à parler ici, à me contenter de cela... Qu'elles sont rares celles qui font tout le mieux possible[3] ! » A aucun moment de la journée on n'a le droit d'oublier Dieu : Thérèse invite l'exubérante sœur Marie de l'Eucharistie à s'oublier dans les moments de détente : « Pourquoi donc allez-vous aux récréations ? Pour vous satisfaire et y trouver de l'agrément ? Il faut y aller comme à un autre exercice de Communauté, par fidélité, sans jamais vous arrêter en y allant. En sortant du réfectoire, vous devez vous rendre immédiatement à la récréation ; vous n'avez pas permission de vous arrêter à autre chose, même pas une seule minute pour parler à une sœur... Puis, en récréation, pratiquez la vertu, soyez aimable avec toutes, n'importe près de qui vous soyez : soyez gaie par vertue et non par caprice. Quand vous êtes triste, oubliez-vous vous-même et montrez de la gaieté. Il semblerait qu'aux récréations il faut chercher uniquement du plaisir sans penser à pratiquer la vertu, sans s'occuper du Bon Dieu.

1. Ms A, 48 v°.
2. Esprit, p. 99.
3. CJ 6.8.5, DE, p. 307.

Mais c'est un exercice de Communauté comme un autre ; prenez du plaisir, mais surtout par charité pour les autres. Ne sortez jamais de vous-même, restez vertueuse au milieu même du plaisir. Vous devriez faire le sacrifice de ne pas vous mettre à côté de celles que vous aimez.

« Oui, toujours vous devriez vous en priver. Puis, c'est bien d'être gaie en récréation, mais il y a une certaine manière religieuse d'être gaie, de distraire les autres. Vous êtes quelquefois d'une gaieté folle, vous croyez que cela plaît aux sœurs. Elles rient de vos folies, c'est vrai, mais cela ne les édifie pas... Soyez charitable, prévenante... Aux récréations, obligez les anciennes en allant leur chercher des chaises, puis, en toute occasion, soyez obligeante : une petite novice devrait toujours en faire trop. Ce serait si joli[1] ! »

Mais si Thérèse demande aux novices de mettre tout leur cœur dans ce qu'elles font, parce que « sans amour, tout n'est rien » (sainte Thérèse d'Avila) elle travaille plus encore, bien qu'on l'ait peut-être moins remarqué, à élever sans cesse leur cœur. Et cette forme de renoncement n'est pas la plus facile ! Avec une fine psychologie, elle tend surtout à faire vivre ses sœurs au-dessus des mille futilités qui prennent tant d'importance dans une vie régulière et cloîtrée, où les plus modestes imprévus ont quelquefois l'allure de tempêtes dans un verre d'eau, où la poursuite de bagatelles risque de submerger le désir de Dieu. Thérèse s'acharne par exemple à « exiler[2] » ses novices de leurs humbles besognes, à prendre du recul, quand elle les voit accaparées par ce qui les touche de trop

---

1. Cité par le P. PIAT : *Marie Guérin*, p. 74.
2. CSG, p. 74 ; HA, p. 229.

près. Cela n'est pas Dieu, cela ne doit pas les distraire de Lui !

« Vous vous livrez trop à ce que vous faites[1], vous vous tourmentez trop de vos emplois... Vous occupez-vous en ce moment de ce qui se passe dans les autres Carmels ? Si les religieuses sont pressées ou non ? Leurs travaux vous empêchent-ils de prier, de faire oraison ? Eh bien ! Vous devez vous exiler de même de votre besogne personnelle, y employer consciencieusement le temps prescrit, mais avec dégagement de cœur[2]. Il faut ne travailler que d'une main et de l'autre défendre notre âme de la dissipation qui l'empêche de s'unir au Bon Dieu[3]. »

Mais Thérèse va plus profond encore. Non contente de redresser ses sœurs dans leur attitude ou leurs occupations extérieures, elle veut aussi et surtout les garder de leurs sentiments, de leurs manières de penser mal purifiées et trop humaines. L'œuvre est délicate, mais essentielle, elle le sait. Il s'agit de purifier le fond des cœurs autant qu'il se peut, de faire place nette pour la venue de Dieu. Nulle part peut-être Thérèse n'apparaît à la fois plus douce et plus ferme. Ferme, jamais elle ne laisse passer une recherche de soi, si détournée, si subtile soit-elle, sans faire remarquer la déviation. Douce, elle ne la combat pas de front, ne se scandalise pas, mais explique, persuade, expose simplement sa pensée, en réveillant le désir d'aimer.

Lorsque sa cousine, trop préoccupée d'elle-même, venait la trouver pour lui confier quelque inquiétude, Thérèse reprenait : « Je vous en prie, occupez-vous un peu moins de vous, occupez-vous à aimer le Bon Dieu et

---

1. Esprit, p. 98.
2. HA, p. 229.
3. HA, p. 230.

laissez-vous vous-même. Tous vos scrupules, ce sont autant de recherches de vous-même. Vos chagrins, vos peines, tout cela roule sur vous-même, cela tourne toujours autour du même pivot. Ah! je vous en prie, oubliez-vous, pensez à sauver des âmes [1]. »

Elle réclame la mortification des affections [2], du jugement [3], de l'amour-propre et cela sans restriction, certaine que si l'on s'occupe trop de soi et si on suit tous ses penchants, on est incapable de chercher Dieu, de vivre de Lui comme Il le veut. « Si vous devez toujours vous conduire ainsi, disait Thérèse novice à sœur Marthe, trop attachée à sa Mère prieure, vous auriez mieux fait de rester dans le monde [4]. » Thérèse maîtresse des novices ne parle pas autrement : « Si vous ne voulez pas pratiquer la vertu, retournez dans le monde ! » affirme-t-elle énergiquement [5].

Elle sourit devant les naïves prétentions de ses petites sœurs, et sait d'un mot redonner à tout sa vraie valeur, faire sentir la dépendance du créé et l'infini de Dieu. Une novice se vantant un jour d'avoir réussi à faire adopter son idée : « Ah ! s'écrie Thérèse, vous êtes dans le « faire-valoir », vous... moi je me garde bien de prendre ce métier ; j'aime mieux répéter avec Notre-Seigneur : Je ne cherche pas ma gloire, un autre en prendra soin [6]. » Voit-elle ses sœurs s'inquiéter ou s'affliger du jugement qu'on porte sur elles, elle se montre compréhensive, mais intransigeante :

1. Cité par le P. Piat : *Marie Guérin*, p. 86.
2. HA, p. 241.
3. HA, p. 206-207. Cf. à Marie Guérin : « Ça fait toujours un tout petit peu de peine au bon Dieu quand on raisonne un tout petit peu sur ce que dit la Mère Prieure ; et ça lui en fait beaucoup quand on raisonne beaucoup, même en son cœur » (DE, p. 778).
4. Cité par le P. Petitot : « Une renaissance spirituelle », p. 218.
5. Sum II (Sr Marie-Madeleine du Saint-Sacrement).
6. Esprit, p. 91.

« Qu'on vous trouve toujours imparfaite, c'est ce qu'il faut, c'est là votre gain... Que l'on vous reconnaisse sans vertu, cela ne vous enlève rien et ne vous rend pas plus pauvre, ce sont elles qui perdent en joie intérieure, car il n'y a rien de plus doux que de penser du bien de son prochain[1]. » « Quand nous sommes incomprises et jugées défavorablement, à quoi bon se défendre, s'expliquer ? Laissons cela tomber, ne disons rien, c'est si doux de ne rien dire, de se laisser juger n'importe comment ! Nous ne voyons point dans l'Evangile que sainte Madeleine se soit expliquée quand sa sœur l'accusait de se tenir aux pieds de Jésus sans rien faire[2]. » « Il faudrait s'élever au-dessus de ce que disent les sœurs, de ce qu'elles font... il nous faudrait être dans notre monastère comme si nous ne devions y passer que deux jours[3]. »

Occupations inutiles, recherches vaines, tout cela n'est pas Dieu, Dieu seul importe ! Et Thérèse guide vers Lui seul ses novices à travers les apparences. Mais elle n'est pas moins attentive à les diriger dans toute leur activité d'ordre plus directement spirituel. Là encore, là surtout, elle veut que l'on ne s'attache qu'à Dieu, que le renoncement s'épanouisse en pureté d'intention. A une novice qui se réjouit de faire sa retraite pour goûter un peu de repos : « Vous entrez donc en retraite pour vous reposer ? Moi j'y vais pour donner davantage au Bon Dieu... Rappelez-vous cette parole si vraie de l'*Imitation* : Dès qu'on commence à se rechercher soi-même, à l'instant on cesse d'aimer[4]. » Une autre lui demande-t-elle un conseil à propos des directions spirituelles :

1. HA, p. 213.
2. CJ 6.4.1, DE, p. 201.
3. Sum II.
4. Esprit, p. 38.

« Je pense qu'il faut bien faire attention à ne pas se rechercher car on aurait le cœur blessé ensuite et l'on pourrait dire avec vérité : " Les gardes m'ont enlevé mon manteau, ils m'ont blessée... ce n'est qu'après les avoir dépassés un peu que j'ai trouvé mon Bien-Aimé ". Je pense que, si l'âme avait humblement demandé aux gardes où était son Bien-Aimé, ils lui auraient indiqué où il se trouvait, mais pour avoir voulu se faire admirer, elle est tombée dans le trouble, elle a perdu la simplicité du cœur [1]. »

Thérèse n'a pas le moindre scrupule à dépouiller ses sœurs de leurs recherches en apparence les plus saintes. Une novice qui désirait se rappeler des passages de l'Ecriture s'entendit répondre :

« Ah ! vous voulez posséder des richesses, avoir des possessions ! S'appuyer là-dessus, c'est s'appuyer sur un fer rouge, il en reste une petite marque ! Il est nécessaire de ne s'appuyer sur *rien*, même pas sur ce qui peut nous aider à la piété. Le rien c'est la vérité, c'est de n'avoir ni désir, ni espoir de joie (sensible). Qu'on est heureux alors ! Où trouvera-t-on quelqu'un parfaitement exempt de la honteuse recherche de soi-même ! dit l'*Imitation* [2]. »

Elle apportait la même pureté d'intention à la réception des sacrements : « Je me suis offerte à Jésus non comme une personne qui désire recevoir sa visite, pour sa propre consolation, mais au contraire, pour le plaisir de Celui qui se donne à moi [3]. »

Elle conseillait à ses sœurs d'agir de même, de communier parce que Jésus aime à se donner, sans vouloir en retirer pour elles aucune douceur.

---

1. CJ 25. 7. 13, DE, p. 280.
2. CSG, p. 29.
3. Ms A, 79 v°.

Jésus est là dans le tabernacle exprès pour toi, pour *toi seule,* il brûle du désir d'entrer dans ton cœur[1]. » « Ne te fais pas de peine de ne sentir aucune consolation dans tes communions, c'est une épreuve qu'il faut supporter avec amour[2]. »

En portant ainsi le renoncement jusqu'en ce qui touche aux rapports avec Dieu, Thérèse prépare ses sœurs à une vie spirituelle authentique. Elle ne parle de renoncement que dans la perspective de l'union à Dieu ; mais ainsi conçu, il lui paraît indispensable, car il permet l'œuvre divine qui seule importe. « Notre Dieu, écrit-elle, l'Hôte de notre cœur, le sait bien (que nous ne pouvons rien par nous-mêmes), aussi vient-Il en nous dans l'intention de trouver une demeure, une *tente vide* au milieu du champ de bataille de la terre. Il ne demande que cela », et Lui-même se charge du reste[3].

Un tel enseignement rend un son d'absolu. En fait, Thérèse demande aux novices une ascèse intérieure plus exigeante, plus redoutable que toutes les pénitences physiques. Leur apprenant à écarter « tout le créé qui n'est rien » pour faire « place à l'incréé qui est la réalité[4] ». Les habituant à vivre seules sous le regard de Dieu, Thérèse va effectivement à la racine, et ce travail profond porte des fruits visibles. Une telle formation marquera toute une vie.

Fixées sur Celui qui ne change pas, les novices ne se sentiront pas désemparées le jour où, quittant le noviciat pour s'engager définitivement, elles se verront davantage livrées à elles-mêmes. La vie et peut-être les responsabilités nouvelles ne les trouveront pas flottantes

---

1. LT 92, 30/5/1889.
2. LT 93, 14/7/1889.
3. LT 157, 7/7/1894.
4. LT 116, 7/9/1890.

à tout vent de doctrine ou repliées sur elles-mêmes, mais viriles, possédant une claire conscience de la vraie valeur des choses, capables de n'agir en tout que par amour. Que leur importera ce qu'on leur donnera à faire, que leur importera même un changement de supérieure ou de monastère ? (Et ce sont là sacrifices pénibles et souvent déroutants pour une religieuse même solide.) Avec le désir de se renoncer sans réserve, et la certitude que les meilleurs moyens ne sont rien par eux-mêmes, elles passeront à travers tout, simples et fortes, ne cherchant que Dieu.

Formation féconde, qui donne aux êtres une impulsion initiale si puissante et si pure qu'il leur suffit de la suivre tout au long de leur vie pour être fidèles à Dieu et aller jusqu'au bout de leur vocation. Formation précieuse qui les prépare à tous les envahissements de l'Amour et à ses exigences futures. Car ce n'est encore ici qu'une entrée dans la vie spirituelle.

Chapitre V

LA FOI EN L'AMOUR, FONDEMENT DE LA VOIE D'ENFANCE

Thérèse s'emploie donc inlassablement à ramener les novices devant l'absolu de Dieu et la relativité de la création, afin d'exciter en elles un désir sincère d'aimer Jésus et de vivre pour Lui seul. La maîtresse semble bien convaincue que, sans cette volonté ferme et pure, il n'y a rien à faire, mais que, cette orientation généreuse une fois posée, tout commence vraiment.

Vient le moment où il faut donner un solide appui, un aliment de tous les instants à ce désir. Car lorsqu'on a fait de son côté les premiers efforts nécessaires de renoncement, Dieu entre en action pour nous mettre à l'épreuve. Et Thérèse voit ses novices en butte aux difficultés de toutes sortes, au travers desquelles elle doit les guider jusqu'à l'union d'amour stable et définitive. C'est le temps où domine la foi en l'Amour.

I. L'amour auquel croit Thérèse

Thérèse s'est passionnément employée à déchiffrer le visage de l'Amour penché sur elle. Elle a voulu le connaître pour L'aimer toujours davantage et pour Le faire aimer comme Il le mérite. Et si elle n'a pas composé de traité sur l'Amour, ce qu'elle en sait transparaît à toutes les pages de ses écrits en lignes vibrantes. Il est donc aisé de retrouver à travers ses Lettres et ses Manuscrits les caractères de l'Amour qui l'ont frappée.

Amour personnel

C'est d'abord un amour de personne à personne. Dieu est en Lui-même plus réel, plus personnel que tout ce que nous pouvons imaginer de tel dans notre univers ; et les personnes créées ne méritent ce nom que grâce à la lointaine ressemblance qu'elles ont avec leur Créateur.

Ce Dieu à la Personnalité transcendante est pourtant aussi l'Amour qui se fait plus intime à nous que nous-même ! C'est le fruit des premières grâces mystiques de révéler Dieu comme quelqu'un qui nous aime. Mais il est si facile dans la vie quotidienne de laisser s'évaporer cette précieuse connaissance !

Thérèse s'est ardemment attachée à Dieu et nous la voyons vivre avec Lui en un cœur à cœur incessant. « Je crois que je n'ai jamais été trois minutes sans penser au Bon Dieu [1]. » Elle sait que, Créateur et Père, Dieu repose au plus profond de son être et que Lui, le Tout-Puissant, l'infiniment Sage et Bon, met toute sa Puissance, sa Sagesse et sa Bonté au service de son amour pour elle. « Quelque chose qui lui arrive, il (elle parle d'elle-même) ne veut voir que la douce main de son Jésus [2]. »

Car, pour Thérèse, Dieu c'est Jésus et Jésus lui est Tout. Elle vit avec Lui dans l'intimité la plus étroite. Elle préfère lui dire « tu » dans le secret de sa prière [3].

1. Sum II, p. 1626. Et CSG, p. 77.
2. LT 55, 8/7/1888.
3. CSG, p. 82.

Elle s'unit aux mystères de son enfance, et plus encore de sa souffrance. Et vivant de la vie qu'Il lui communique, elle pénètre dans la société divine. On discerne, en ses dernières années, un mouvement d'âme très accentué vers la Trinité[1]. On la sent vivre de relations particulières et différentes avec chacune des Trois Personnes. Sa foi est alors si vive qu'elle lui a procuré l'union la plus haute qu'elle pût désirer ici-bas : « Je ne vois pas bien ce que j'aurai de plus après ma mort que je n'aie maintenant... Je verrai le Bon Dieu, c'est vrai ! mais pour être avec lui, j'y suis déjà tout à fait sur la terre[2]. »

Mais si Thérèse aime Dieu comme un Ami vivant et tout proche, elle a conscience aussi d'être aimée de Lui d'une manière toute particulière. C'est pour elle personnellement que bat le cœur divin : « Moi je ne vois pas le Sacré Cœur comme tout le monde. Je pense que le cœur de mon Epoux est à moi seule, comme le mien est à Lui seul, et je Lui parle alors dans la solitude de ce délicieux cœur à cœur, en attendant de Le contempler un jour face à face[3]. »

Les rapports de Jésus et de Thérèse sont vivants, chargés d'une tendresse qui de part et d'autre semble n'avoir souci que de combler l'Aimé, de le préférer à tout. « O mon Jésus, c'est peut-être une illusion, mais il me semble que vous ne pouvez combler une âme de plus d'amour que vous n'en avez comblé la mienne... je ne puis concevoir une plus grande immensité d'amour que celle qu'il vous a plu de me prodiguer gratuitement *sans aucun mérite de ma part*[4]. »

---

1. Elle prononce son acte d'offrande en la fête de la Sainte Trinité et l'adresse à Dieu Trinité, cf. Ms B, 5 v°; HA, p. 222.
2. CJ 15.5.7, DE, p. 208.
3. LT 122, 14/10/1890.
4. Ms C, 35 r°.

Amour infini

Dieu étant infini ne peut aimer qu'infiniment. Ses dons seuls diffèrent, non l'amour avec lequel Il les fait, et qui est toujours « la tendresse de son Amour infini [1] ». Et qu'est-ce qui importe le plus, la manière de donner ou ce que l'on donne ? Qu'un être paraisse riche ou pauvre, exalté ou humilié aux yeux des hommes, Dieu le chérit infiniment, Thérèse en est persuadée. « De même que le soleil éclaire en même temps les cèdres et chaque petite fleur, comme si elle était seule sur la terre, de même Notre-Seigneur s'occupe aussi particulièrement de chaque âme, que si elle n'avait pas de semblables et... de même tout correspond au bien de chaque âme [2]. »

Thérèse peut donc dire avec vérité à chacune de ses sœurs : « Le bon Jésus vous aime de tout son cœur [3]. » « Oh ! oui, Jésus vous aime [4]. » Et avec plus de conviction encore : « Le Bon Dieu t'aime et te traite en privilégiée... Penses-tu que sainte Thérèse ait reçu plus de grâces que toi [5] ? »

Amour gratuit

L'amour divin d'ailleurs n'est pas seulement infini, il est encore absolument gratuit, « sans aucun mérite de notre part [6] ». Thérèse reconnaît que « rien n'était capable en elle d'attirer ses regards divins [7] ». Comment

1. Ms B, 1 v°.
2. Ms A, 3 r°.
3. LT, 215, 1897.
4. LT 222, 19/3/1897.
5. LT 107, 19/5/1890.
6. Ms C, 35 r°.
7. Ms A, 3 v°.

se peut-il que Dieu nous aime ? demande-t-elle. Que lui offrons-nous à chérir ? « Question pleine de mystères... Quelle raison Jésus peut-Il nous donner ?... Sa raison est qu'Il n'a pas de raison [1]... » Rien n'a pu Le décider à aimer la créature sinon son libre choix, car Dieu n'aime pas à la manière humaine. L'home aime ce qu'il trouve d'aimable en l'autre, Dieu aime ce qu'Il dépose en nous. Et nous n'avons que ceci devant Dieu, c'est d'être aimés de Lui.

Mais si tel est l'amour de Dieu, indépendant de notre médiocrité, comme de nos fautes, quelle paix confiante ne devons-nous pas avoir ! Ce que nous sommes est un mystère, mais un mystère d'amour. N'est-il pas ridicule de jauger l'amour divin selon nos normes humaines ?

Il est pourtant un dernier caractère de l'amour qui a captivé Thérèse avec plus de force encore et illuminé définitivement sa vie. L'amour auquel croit Thérèse et vers lequel elle guide les âmes est par-dessus tout l'Amour miséricordieux [2].

Amour qui réclame l'amour

« ... Et nous donc aimons Dieu puisqu'Il nous a aimés le premier [3]. » Telle est la conclusion de Thérèse comme de saint Jean. En scrutant le cœur de Dieu, Thérèse a découvert l'exigence foncière de l'Amour. Elle a reçu la grâce inestimable de comprendre « combien Jésus désire être aimé [4] ». Parce qu'elle a cru à la charité divine telle qu'elle est, elle a cru plus encore, si l'on peut

---

1. LT 89, 26/4/1889.
2. Comme la découverte de la Miséricorde en toute sa profondeur détermine pour Thérèse le plein épanouissement de la vie spirituelle, nous étudierons plus particulièrement cet aspect de l'amour dans le chapitre suivant.
3. 1 Jn 4, 19.
4. Ms A, 84 r°.

dire, à la soif insatiable que Dieu a de son amour à elle, de l'amour de chaque être auquel il se donne. « Jésus est altéré[1] » d'amour. « C'est Lui qui veut notre amour, qui le mendie... Il se met pour ainsi dire à notre merci. Il ne veut rien prendre que nous ne Lui donnions de bon cœur, et la plus petite chose est précieuse à ses yeux divins[2]... » Thérèse est sûre qu'être aimée c'est être infiniment désirée, elle sait que Jésus recherche son amour, qu'Il réclame son cœur tout entier.

Cette invitation ardente de l'Amour sans bornes et sans raison a été la lumière de la vie de Thérèse, elle constitue aussi son plus efficace moyen de formation. On peut dire qu'elle a cru à l'Amour, sans plus ; à l'Amour comme source de toute vie, comme moyen de perfection et bâton de route, à l'Amour comme unique fin. Lorsque sur son lit de mort elle prononce cette suprême parole : « J'ai tout dit... C'est l'Amour seul qui compte[3] », il semble bien que c'est tout cela à la fois qu'il faille entendre. Et cette conviction est communicative pour tous ceux qui l'approchent.

II. La foi en l'Amour

Ayant aidé ses novices à connaître l'Amour divin tel qu'Il est, Thérèse veut obtenir d'elles une attitude qui soit dans la logique de ce qu'elles en savent. Et c'est la foi en l'Amour. Quels sont donc dans l'esprit de la Sainte le rôle et les caractères de cette foi ?

Thérèse lui assigne un rôle fondamental dans la vie spirituelle. Sans la foi en l'Amour, le désir de Dieu

---
1. Ms B, 1 v°.
2. LT 145, 2/8/1893.
3. NV 29.9.6, DE, annexes, p. 409.

sécherait en l'âme, comme la plante levée en une terre peu profonde.

La vie présente tout entière est un acte de foi. Mais la foi en l'Amour telle que l'exprime Thérèse et que la réclame la vie spirituelle, est infiniment riche et féconde. Il ne suffit pas d'adhérer intellectuellement aux vérités révélées, il faut croire de tout son être à l'amour de Dieu, à ses voies et à ses promesses. A l'analyser de près, l'attitude que Thérèse réclame de ses sœurs n'est évidemment pas l'acte particulier d'une vertu théologale isolée, ni la foi, ni l'espérance, ni la charité ; mais plutôt l'acte d'une foi amoureuse qui adhère étroitement à Dieu et attend tout de Lui parce qu'Il est l'Amour. Cette foi en l'Amour, attitude essentiellement propre à l'enfance spirituelle, vertu bien évangélique, est donc un mouvement très simple de l'âme. Mais elle est, comme tout ce que réclame Thérèse, un absolu.

C'est en effet sur une foi nue, vive et totale, que la maîtresse entend fonder la vie spirituelle. Le soutien véritable et permanent d'une âme en son désir de Dieu ne peut être qu'une foi appuyée sur Dieu seul et son amour immuable, et devenue immuable comme Lui.

Thérèse n'ignore pas que Dieu a comblé ses sœurs de ses douceurs, qu'elles ont joui du sentiment de sa présence pleine d'amour. Mais elle sait aussi que Dieu semble se retirer lorsqu'Il veut les fortifier, et cela presque aussitôt franchi le seuil du cloître. Elle qui connaît d'expérience la tactique divine, s'appuie sur les grâces passées, sur l'empreinte qu'elles ont dû laisser au moment où leur saveur s'évanouit.

« Nous avons connu l'amour que Dieu a pour nous et nous y avons cru », dit saint Jean [1]. Ceux qui ont reçu du Christ le plus intime appel à Le suivre ont expérimenté

---

1. 1 Jn 4, 16.

son amour, et le désir d'y répondre les a amenés dans la vie religieuse. Or, ce désir, mis aujourd'hui à l'épreuve, semble près de sombrer. La pensée du Tout de Dieu ne suffit plus à l'enflammer, elle peut même se faire écrasante. La certitude de l'appel reçu s'éclipse. La conscience de sa propre misère va croissant et déroute ; les moments de fatigue, d'usure, de tentation s'additionnent. La poursuite de la perfection paraît chimérique, la prière semble pure perte et de force et de temps. Dans la souffrance on se crispe et on se tend.

Thérèse se donne alors pour tâche de soutenir sans briser, de fixer l'esprit et la volonté au-delà de tout le sensible savoureux ou amer, dans la charité divine qui jamais ne passe. La foi des novices, qui s'appuyait autrefois sur ce qu'elles avaient éprouvé de l'amour de Dieu, doit désormais s'appuyer uniquement sur ce qu'elles en savent. Elle soutiendra de sa certitude tout l'édifice spirituel que Dieu commence à élever. Les grâces passées peuvent bien aider les novices à conserver leur confiance, mais l'aridité présente ne doit pas l'ébranler. Thérèse veut qu'elles se servent de leur épreuve pour atteindre à une foi qui n'ait plus besoin de sentir. Une foi semblable à la sienne et à qui la vérité suffit. « C'est ma petite voie de ne rien désirer voir [1]. » « Oh ! non, je ne désire pas voir le Bon Dieu sur la terre. Et pourtant, je l'aime ! J'aime aussi beaucoup la Sainte Vierge et les saints, et je ne désire pas les voir non plus [2]. » Et plus fermement encore : « J'ai plus désiré ne pas voir le Bon Dieu et les saints et rester dans la nuit de la foi que d'autres désirent voir et comprendre [3]. » Thérèse veut convaincre ses compagnes, qu'après avoir reçu de Dieu tant de grâces, elles doivent

1. CJ 4.6.1, DE, p. 218.
2. CJ 4.9.7, DE, p. 362.
3. CJ 4.8.5, DE, p. 317.

vivre trop sûres de son amour pour en exiger des preuves sensibles, pour se plaire aux consolations plutôt qu'à la substance de la vie surnaturelle. « Il est si doux de servir le Bon Dieu dans la nuit et dans l'épreuve, nous n'avons que cette vie pour vivre de foi [1]. » A l'école de Thérèse, il faut croire à Dieu en Lui-même, désirer Dieu pour Lui-même sans s'arrêter à rien d'inférieur à Lui. Seuls un tel désir et une telle foi sont aux dimensions du Dieu qui est amour infini.

C'est encore faire œuvre assez négative que d'établir les êtres au-dessus de toutes leurs impressions sensibles. Thérèse ne s'arrête pas là. De cette foi nue, elle veut faire une foi vive ; comme elle s'emploie à la dépouiller, elle travaille aussi à la nourrir. Puisque ses sœurs sont entrées dans la voie de Dieu par un sincère désir de L'aimer, elles doivent se convaincre que tout ce qui leur arrive vient de l'Amour ; aucun événement, si décevant ou révoltant qu'il puisse paraître, ne peut faire obstacle à l'amour. Tout nous est donné comme moyen d'aller à Lui. « Nous croyons que toutes choses concourent au bien de ceux qui aiment Dieu, qui sont appelés selon son dessein [2]. » Si les novices s'établissent dans cette foi, toute leur vie spirituelle est assurée ; sans elle il n'y a plus d'autre horizon que le désespoir, l'illusion ou la médiocrité. « Tout est grâce [3]. »

De là l'extrême importance de la direction donnée par les guides spirituels, en cette heure décisive de la formation.

Entreprise difficile cependant que d'emporter l'adhésion de quelqu'un habitué à juger selon les sens, à aimer avec facilité, et qui se trouve tout à coup en face de sa vérité nue, sevré d'amour sensible et obligé d'œuvrer

1. HA, 247.
2. Rm 8, 28.
3. CJ 5.6.4, DE, p. 221.

dans la nuit ! C'est pourtant là que s'exerce avec le plus de sûreté le talent de Thérèse.

Mais d'où viennent les épreuves qui assaillent les novices ? Pourquoi cette obscurité qui succède à la lumière ? Au printemps de leur vie spirituelle, les novices ont connu l'Amour dont elles sont aimées : il leur faut maintenant se connaître elles-mêmes pour ce qu'elles sont. De là naissent toutes les souffrances. C'est bien cet Amour qui les éclairait sur lui-même, qui les éclaire aujourd'hui sur leur pauvreté. Sans cette connaissance préalable, elles n'auraient pu supporter la vue de leurs misères. Mais c'est encore et uniquement pour mieux se révéler Lui-même qu'Il fouille en ce moment avec tant d'apparente cruauté les profondeurs d'égoïsme qu'elles recèlent. Qu'elles perdent alors de vue l'Amour, et toute l'œuvre est compromise ; qu'elles ne cessent de Le fixer, et la lumière bientôt se fera totale, en révélant l'Amour comme Miséricordieux. Ce qui est pour Thérèse l'enseignement suprême.

III. LES CONSEILS DE THÉRÈSE

Les sœurs du noviciat traversent donc une crise. Le dessein de Thérèse est de rendre cette période de transition la plus brève et la plus profitable possible. Aussi, loin de se perdre dans la théorie, œuvre-t-elle dans le concret. Ses conseils se font précis, pratiques.

Telle qu'elle nous apparaît, à travers les Lettres et les Souvenirs conservés, la méthode de Thérèse correspond bien à ce qu'elle sait de l'Amour : river sur Lui le regard, et en même temps transformer en amour les peines comme les joies. Ce sont là deux aspects complémentaires du même et unique mouvement : la foi en l'Amour. Mais tandis que la première attitude noie en

Dieu les facultés d'intelligence et de volonté, et semble particulièrement apte à soutenir la vie d'oraison, la seconde vise à utiliser au mieux tout le créé au service de Dieu. Thérèse joue sur ces deux claviers pour affirmer les novices à la fois dans leur certitude d'être aimées, et dans la certitude que Dieu désire et agrée leur amour [1].

Une telle simplification est indispensable durant cette période de la vie spirituelle, même si elle ne l'a pas été auparavant. Ce n'est plus l'heure d'insister auprès des novices sur leurs défauts, Dieu y suffit ! Il faut éloigner d'elles la multiplicité qui les fatigue inutilement. Thérèse ne nie pas les misères que ses sœurs découvrent en elles-mêmes, mais elle les remet sous la lumière de la foi, affirmant que leur pauvreté est une raison de plus pour regarder l'Amour. Elle ne nie pas non plus leur souffrance, ni ne prétend qu'elle soit légère, mais elle leur apprend à aimer Celui qui la leur envoie par amour. Elle ne nie pas enfin que les défauts ou la conduite du prochain puissent provoquer peine ou tristesse. Mais elle enseigne qu'il faut l'aimer comme il est, voir en lui le Christ et lui témoigner son amour.

1. Le regard de foi sur l'Amour

Dans l'inoubliable lettre à sa sœur Marie, Thérèse a symbolisé toute la vie de foi telle qu'elle l'entend ; c'est « l'histoire de *son* petit oiseau [2] ». Elle y décrit l'attitude profonde de l'âme rivée à la foi en l'Amour et mue par un immense désir d'aimer.

« Malgré ma petitesse extrême, j'ose fixer le soleil

---

1. Elle se sert aussi du désir apostolique. Mais pour elle cet amour fraternel ne fait qu'un avec l'amour de Dieu.
2. Ms B.

divin, le soleil de l'Amour, et mon cœur sent en lui toutes les aspirations de l'aigle[1]. »

Puis elle passe en revue, à sa manière, les différents obstacles que rencontrent les âmes dans leur élan vers Dieu : de tous elle triomphe en réclamant avec insistance ce regard sur l'Amour. Qu'il s'agisse de la faiblesse physique qui la fait sommeiller pendant l'oraison[2], des impuissances et misères d'ordre moral qui l'empêchent de s'élever jusqu'à Dieu, des infidélités qui l'éloignent de Lui, qu'il s'agisse enfin de tous les troubles, épreuves, tentations et obscurités d'ordre spirituel, il ny a, enseigne-t-elle, qu'une chose à faire : croire que tout cela n'empêche pas l'Amour de rester ce qu'Il est, ne pas cesser de Le fixer, ou revenir à Lui sitôt qu'on a conscience de s'en être écarté, tout espérer de cet Amour à qui rien ne résiste et de qui nous viennent tous les biens.

« Avec un audacieux abandon, il (le petit oiseau) veut rester à fixer son divin soleil ; rien ne saurait l'effrayer, ni le vent, ni la pluie, et si de sombres nuages viennent à cacher l'astre d'amour, le petit oiseau ne change pas de place, il sait que par-delà les nuages son soleil brille toujours, que son éclat ne saurait s'éclipser un seul instant[3]. » Ainsi Thérèse veut que la foi se nourrisse et se fortifie à l'occasion de tous les obstacles et adhère si puissamment à la transcendance de l'Amour divin qu'elle établisse l'être au-delà de toutes les vicissitudes intérieures ou extérieures.

2. *Tout transformer en amour*

Mais Thérèse sait combien il est difficile de faire sortir de soi quelqu'un que tout concourt à replier sur lui-

1. Ms B, 5 r°.
2. *Ibidem.*
3. Ms B, 5 r°.

même. Aussi s'emploie-t-elle à remettre pratiquement l'amour au centre des préoccupations de ses sœurs en les faisant s'oublier totalement. Croyez à l'amour, dit-elle équivalemment, et de tout ce qui vous gêne, vous peine et vous torture, faites de l'amour. Puisque la source de tout cela, c'est l'amour infini dont Jésus vous aime, vous devez croire aussi que Jésus en ce moment, dans cette épreuve, ce doute, cette tentation, attend votre amour. Tout ce qu'Il permet ne vise qu'à en obtenir une preuve nouvelle, plus grande et plus pure.

Thérèse veut convaincre ses compagnes que Dieu attache un prix infini à leur réponse et cela, pendant la rude période où elles se découvrent incapables d'aimer, où elles doutent que leur pauvre amour si réticent et si faible, agrée à Celui qu'elles aiment. La nuit, l'épreuve, où l'on expérimente son impuissance, sont le temps favorable pour aimer; il faut en profiter comme des « avares [1] ».

A l'occasion des défauts, des impuissances que viennent déplorer auprès d'elles ses novices ou ses sœurs, Thérèse les encourage à se fortifier dans l'amour. C'est sa seule réponse.

« Je me désolais, rapporte une novice, de mon peu de courage ! Vous vous plaignez, lui répondit sa maîtresse, de ce qui devrait causer votre plus grand bonheur. Où serait votre mérite s'il fallait que vous combattiez seulement quand vous vous sentez du courage ? Qu'importe que vous n'en ayez pas, pourvu que vous agissiez comme si vous en aviez ? Si vous vous trouvez trop lâche pour ramasser un bout de fil et que néanmoins vous le fassiez pour l'amour de Jésus, vous avez plus de mérite que si vous accomplissiez une action beaucoup plus considérable, dans un moment de ferveur. Au lieu de

---

1. LT 101, 31/12/1889.

vous attrister, réjouissez-vous donc de voir qu'en vous laissant sentir votre faiblesse, le bon Jésus vous ménage l'occasion de lui sauver un plus grand nombre d'âmes[1]. »

Thérèse ne s'arrête pas là : des fautes elles-mêmes et de la tristesse qu'elles font éprouver, elle veut qu'on extraie de l'amour.

« Vous ne faites pas comme moi, affirme-t-elle à Mère Agnès qui lui confiait des pensées de découragement. Quand j'ai commis une faute qui me rend triste, je sais bien que cette tristesse est la conséquence de mon infidélité. Mais croyez-vous que j'en reste là ? Oh non, pas si sotte ! Je m'empresse de dire au Bon Dieu : Mon Dieu, je sais que ce sentiment de tristesse, je l'ai mérité ; cependant laissez-moi vous l'offrir tout de même, comme une épreuve que vous m'envoyez par amour. Je regrette mon péché, mais je suis contente d'avoir cette souffrance à vous offrir[2]. »

Les épreuves intérieures, les tentations semblent à Thérèse plus que tout le reste encore des « occasions de témoigner *son* amour à Jésus[3] ». Elle connaît les êtres : aux heures de doute et de lassitude, il est aussi difficile de croire à la réalité de notre amour pour Dieu, que de croire à son amour pour nous. « Dieu m'aime, je le sais bien, dira une novice éplorée, mais c'est moi qui ne l'aime pas ! » L'amour surnaturel ne tombe pas sous le sens. Il procède de notre volonté informée par la grâce : chaque fois que nous voulons aimer, nous aimons réellement[4]. Il ne faut pas moins de foi pour croire que

1. HA, p. 224.
2. CJ 3.7.2, DE, p. 235.
3. HA, p. 222.
4. Ce qui suppose la pratique du mouvement d'abandon expliqué au chapitre VII.

notre amour non senti plaît à Dieu et l'atteint, que pour croire à sa charité envers nous.

Etablir ses sœurs en cette certitude, au-delà de toute impression, tel nous apparaît le but actuel de Thérèse. C'est ainsi qu'elle affermit et sauve le désir d'aimer, au moment où il est directement attaqué. Enseignant à ses compagnes à ne jamais juger de leur degré d'union à Dieu d'après les sentiments de ferveur ou d'aridité qu'elles éprouvent, elle les occupe uniquement à adhérer d'esprit et de volonté à l'Amour tel qu'Il se présente à elles. Elle s'efforce de leur faire comprendre que l'union à Dieu n'est autre qu'une parfaite conformité de vues, de désirs, de volonté, où l'on finit par s'oublier complètement pour Celui qu'on aime. Dans l'union mystique on peut, s'il plaît à Dieu, goûter la présence du Bien-Aimé et la joie de son intimité. Dans l'union secrète de la vie quotidienne, on est à Lui véritablement, sans aucun salaire, dans la pureté d'un amour plus puissant que la mort, et on vit de sa grâce. Cette union n'est cependant pas si cachée qu'elle ne comporte, au moins par moments, un minimum de grâces mystiques, indiquant que Dieu se complaît en cet amour obscur : c'est une sorte de certitude dans l'esprit, de tendresse dans la volonté, un mouvement profond du cœur qui se sent possédé par Dieu jusqu'en ses racines : « Jésus se cache, mais on le devine [1]. »

Lorsqu'on a compris qu'il s'agit d'aimer dans la foi, lorsqu'on désire cette union solide, un grand progrès est accompli. Dieu, en se donnant, rencontre des résonances plus pures. On désire le Christ pour lui-même et non plus pour soi-même.

Arrivé à ce point, on a l'impression que Thérèse, secondant la grâce, a secoué tout l'accessoire pour ne

---

1. LT 57, 23/7/1888.

laisser subsister que le plus pur, le plus authentique désir d'aimer. Tout l'inutile est tombé comme de lui-même par la force de l'élan vers l'amour.

Le désir d'aimer est maintenant si ardent que rien ne parvient à le satisfaire. Et Thérèse peut écrire au nom de toutes ses sœurs : « Comprenant que la soif qui Vous consume est une soif d'amour, nous voudrions pour Vous désaltérer posséder un amour infini[1]. » Nous allons la voir s'efforcer de faire accomplir à ses compagnes, en les livrant à l'Amour, le dernier pas qui leur ouvre la vie spirituelle la plus intense et la plus stable.

---

1. Prière composée pour le noviciat (1895). HA, p. 260.

Chapitre VI

L'OFFRANDE À L'AMOUR ENGAGEMENT DÉFINITIF

Tandis qu'il leur faut faire, dans l'épreuve, l'expérience de leur misère et garder, avec un désir sincère d'aimer Dieu, une foi vive en l'amour, Thérèse vient aider les novices à persévérer dans ces dispositions en leur proposant de se livrer à l'Amour miséricordieux.

Par cet acte, l'être est pris vraiment jusqu'en ses profondeurs et la vraie vie spirituelle commence. Aussi Thérèse se montre-t-elle pressée d'en arriver là, le plus tôt possible, avec chacune.

Sans le désir surnaturel et sincère d'aimer Dieu, certes, l'invitation à se livrer se trouverait sans objet et porterait à la paresse ; sans une foi totale en l'amour, cette invitation serait vaine. Mais ces conditions peuvent se trouver réalisées tout au début de la vie spirituelle : chez un grand pécheur, par exemple, qui vient de se convertir, ou chez quelqu'un de très imparfait, rempli de défauts, de tendances mauvaises, sujet même à des chutes graves.

I. L'Amour miséricordieux

Si par l'acte d'offrance Thérèse s'offre sans réserve à l'Amour miséricordieux méconnu par les hommes, elle entend entraîner à sa suite un « grand nombre de petites âmes[1] »; il n'est pas nécessaire pour se livrer d'être parvenu à un état de sainteté avancé; bien mieux, cette donation recèle une valeur éducative; puisque le Christ seul doit nous conduire, Thérèse veut qu'on s'ouvre à lui, largement et au plus tôt.

A peine a-t-elle conçu son dessein de s'offrir et obtenu de Mère Agnès la permission de l'exécuter, qu'elle communique son projet à Céline et l'invite à s'y associer; elle ne garde pas son secret pour elle seule, et le 11 juin 1895, elle prononce l'Acte d'offrande pour elle et Sœur Geneviève qui est au Carmel depuis à peine dix mois. Peu après, pendant la fenaison, elle invite son aînée, Sœur Marie du Sacré-Cœur, à l'imiter[2].

Avec Sœur Marie de la Trinité, elle agit avec plus de prudence. C'est près de six mois plus tard qu'elle lui fait connaître cette donation. La novice, généreusement, lui « manifesta aussitôt le désir de l'imiter, et il fut décidé qu'elle ferait sa consécration le lendemain[3] ». Nous connaissons bien cette jeune sœur par les « Conseils et Souvenirs » et par sa Circulaire. De caractère vif et spontané, un peu enfant, enthousiaste et vite abattue, sensible et pleureuse à l'excès, aimant qu'on l'aime et qu'on l'estime, se désolant de ses misères, ayant une frayeur extrême des jugements de Dieu, mais une extrême confiance en Thérèse, ce n'était certes pas une carmélite toute faite. Qu'avait-elle de bon au moment dont nous parlons ? Un très sincère désir d'aimer Jésus et la conviction profonde de ses multiples impuissances. Thérèse avait bien deviné qu'il lui suffirait de révéler à sa novice sa propre donation à l'Amour pour l'amener à faire semblable démarche.

1. Ms B, 5 v°.
2. CSG, p. 67.
3. Cir/MTr.

Mais restée seule et réfléchissant à son indignité, la novice conclut qu'il lui fallait une plus longue préparation pour un acte d'une telle importance. Elle retourna donc voir Sœur Thérèse de l'Enfant-Jésus, lui expliquant les raisons qui la portaient à différer son offrande. Celle-ci répliqua :

« Oui, cet acte est plus important que nous ne pouvons l'imaginer. Mais savez-vous la seule préparation que le Bon Dieu demande de nous ? Eh bien ! c'est de reconnaître humblement notre indignité. Ah ! puisqu'Il vous fait cette grâce, livrez-vous à Lui sans crainte. Demain matin, après l'action de grâces, je resterai près de vous à l'oratoire où sera exposé le Saint-Sacrement, et pendant que vous prononcerez cet acte, je vous offrirai à Jésus comme la petite victime que je lui ai préparée[1]. »

Ainsi, en même temps qu'une soif de Dieu plus ferme et plus pure, les novices que Thérèse livre à l'Amour possèdent une connaissance plus profonde de leurs misères. Et cette vue qui risque parfois de freiner leur élan vers le Seigneur, Thérèse déclare qu'elle est la condition même de l'offrande à l'Amour miséricordieux. La Lettre à Sœur Marie du Sacré-Cœur rend exactement le même son :

« Comprenez que pour aimer Jésus, être sa victime d'amour, plus on est faible, sans désirs ni vertus[2] (il

1. Cir/MTr, p. 12.
2. Le sens de l'expression « sans désirs ni vertus » s'éclaire par le contexte. Comme le remarque judicieusement M. l'Abbé Combes dans son édition des *Lettres* de sainte Thérèse de l'Enfant-Jésus : « L'expression : " sans désirs " ne peut être prise à la lettre, puisqu'il est dit plus loin que " le seul désir d'être victime suffit ", ce qui suppose que l'on n'est pas " sans vertus ", mais animé déjà d'une très

s'agit ici des désirs d'être martyre ou d'accomplir de grandes choses), plus on est propre aux opérations de cet Amour consumant et transformant. Le seul désir d'être victime suffit, mais il faut consentir à rester toujours pauvre et sans force, et voilà le difficile car " le véritable pauvre d'esprit, où le trouver ? Il faut le chercher bien loin ", a dit le psalmiste [1]. »

Qu'est-il donc cet Amour miséricordieux, pour qu'une telle préparation Lui convienne ?

Thérèse a un sens aigu de la miséricorde divine, c'est sa marque propre : « A moi Il a donné sa miséricorde infinie, et c'est à travers elle que je contemple et adore les autres perfections divines !... Alors toutes m'apparaissent rayonnantes d'amour [2]. »

---

grande charité théologale. »

Pour Thérèse, comme elle l'explique au début de cette même lettre « être sans désirs » c'est se garder de la vanité spirituelle qui pourrait facilement s'insinuer dans nos projets de sainteté : « Mes désirs de martyre ne sont rien... Ce sont, à vrai dire, les richesses spirituelles qui rendent injustes lorsqu'on s'y repose avec complaisance et que l'on croit qu'ils sont quelque chose de grand... Ah ! je sens bien que ce n'est pas cela du tout qui plaît au bon Dieu dans ma petite âme. Ce qui lui plaît, c'est de me voir aimer ma petitesse et ma pauvreté, c'est l'espérance aveugle qui j'ai en sa miséricorde... Voilà mon seul trésor... »

Quand aux vertus, Thérèse en parlait en ces termes le 6 août 1897 : « ... Etre petit, c'est encore ne point s'attribuer à soi-même les vertus qu'on pratique, se croyant capable de quelque chose, mais reconnaître que le bon Dieu pose ce trésor de la vertu dans la main de son petit enfant pour qu'il s'en serve quand il en a besoin ; mais c'est toujours le trésor du bon Dieu » (CJ 6. 8. 8, DE, p. 309).

Ce qui est visé avant tout, c'est la confiance en soi-même : « En un sens, la Sainte était " sans désirs ni vertus ". Elle ne prenait aucun appui sur celles que Dieu avait gratuitement posées dans sa main. Elle était une vraie pauvre » (P. Lucien-Marie de Saint-Joseph cité par M. l'abbé Combes dans son édition des *Lettres* de sainte Thérèse, p. 341).

1. LT 197, 17/9/1896.
2. MS A, 83 v°.

Dieu nous aime avec sa miséricorde, c'est-à-dire qu'Il nous aime malgré nos misères et nos fautes sans nombre, qu'Il mesure ses exigences à ce qu'Il sait de nos forces : « Il tient compte de nos faiblesses, Il connaît parfaitement la fragilité de notre nature [1]. »

Thérèse va plus profond encore : non seulement Dieu nous aime malgré nos misères et sait en tenir compte, mais Il nous aime à cause d'elles, sachant, comme un père très tendre, que plus nous sommes faibles, plus nous avons besoin de son amour. Dieu, dit-elle, « trouve nos misérables pailles et nos plus insignifiantes actions toujours belles [2] ». Pour Thérèse, la miséricorde ne se manifeste pas seulement dans les pardons que Dieu multiplie, mais aussi dans la sollicitude paternelle avec laquelle Il dispose toutes choses pour nous. Aussi la sainte, qui n'a pas commis de faute mortelle, s'estime-t-elle, plus encore qu'un pécheur converti, l'objet de la miséricorde divine qui l'a prévenue en ôtant de son chemin tous les obstacles [3]. L'Amour est donc le même pour tous les hommes : à qui se confie en Lui, Il « remet tout [4] » par avance ou après coup.

Thérèse a compris que Dieu, dans ses rapports avec nous, est toujours miséricordieux. C'est la conséquence normale de ce qu'Il est et de ce que nous sommes. L'Amour en tant qu'il incline le Trois fois Saint vers les pécheurs n'est et ne peut être que Miséricorde. La miséricorde de Dieu en vérité c'est son amour à l'œuvre envers nous. La Rédemption tout entière n'est que la démarche de l'Amour miséricordieux ou, si l'on préfère, de l'amour gratuit, venant sauver les pécheurs [5], et les

---

1. Ms A, 83 v°.
2. CSG, p. 70.
3. Ms C, 36 v°. Cf. CJ 11. 7. 6, DE, p. 254.
4. Ms A, 39 r°.
5. « Per viscera misericordiae Dei nostri », Luc 1, 78.

sauvant en les incorporant au Christ, en les faisant vivre de la vie divine.

On voit à quelles profondeurs Thérèse a saisi l'esprit de la Rédemption, tout à fait dans le sens où saint Paul nous le communique dans l'Epître aux Romains. Certes, elle ne cherche pas, après saint Augustin, à humilier l'homme pour exalter l'œuvre de Dieu. Il lui est inutile de prouver notre misère : celle-ci est évidente, criante ; Thérèse en a fait l'expérience et constate celle de ses novices. Mais si saint Paul insiste sur le but de la loi qui nous révèle notre péché, qui le met en pleine lumière, c'est pour amener l'homme à se jeter dans les bras de Dieu ; si l'Apôtre décrit les ravages du péché tout au long de l'histoire comme au plus intime de notre cœur divisé, c'est pour magnifier la Rédemption ; car plus le péché se multiplie, plus la grâce surabonde. « La preuve que Dieu nous a aimés c'est que son Fils est mort pour nous alors que nous étions pécheurs [1]. » Thérèse se fait l'écho de cette magnifique doctrine et s'en inspire pour diriger ses novices.

Pourquoi attendre qu'elles n'aient plus de défauts pour les livrer à l'Amour miséricordieux ? Elle les livre à lui au contraire *parce qu'elles* sont pleines de misères et incapables de s'en corriger elles-mêmes. Mais elle les avertit que l'Amour œuvrera en elles à une seule condition : qu'elles consentent « à rester toujours pauvres et sans force [2] », qu'elles aiment leur impuissance et la livrent incessamment au Sauveur. La condition que Thérèse met à l'efficacité de l'offrande est celle même — la seule — que Dieu a mise à la fécondité de la Rédemption. C'est l'humanité vraie, dans la connaissance de soi, dans la foi, la confiance et l'amour.

1. Rm 5, 8.
2. LT 197, 17/9/1896.

II. L'Offrande à l'Amour

Mais qu'est-ce que se livrer à l'Amour ? « Croyez-vous, demande une novice à Thérèse, qu'il suffise de faire l'acte d'offrande que vous avez composé ? » — « Oh ! non, répondit Thérèse, les paroles ne suffisent pas. Pour être véritablement victime d'amour, il faut se livrer totalement. On n'est consumé par l'amour qu'autant qu'on se livre à l'Amour[1]. » Non, un seul acte ne saurait tout faire, ni des mots, si sublimes soient-ils ! La doctrine de Thérèse, appuyée sur le Nouveau Testament, n'est pas moins exigeante que lui. Au fond de sa spiritualité, il y a une foi vivante à la réalité de la grâce, et la connaissance expérimentale de notre nature déchue. Si Dieu a greffé en nous sa propre vie, s'Il nous a dotés de l'organisme spirituel complet et délicat que constituent la grâce, les vertus et les dons, Thérèse ne pense pas que de tels talents doivent rester improductifs. Si l'Esprit-Saint en personne se fait aussi l'Hôte de notre âme, elle ne croit pas qu'Il entende y demeurer inactif. Elle sent au contraire qu'Il désire infiniment prendre possession de sa créature, s'en voir livrer la direction complète.

Mais tandis que la vie divine est là, toute prête à se donner, l'homme se refuse trop souvent à la grâce, à cause des frustrations de sa sensibilité. C'est en effet une réalité peu exaltante que celle de notre déchéance. Incliné vers les choses sensibles, l'homme conserve un penchant jaloux à tout ramener à soi, une prétention farouche à l'autonomie.

Ainsi coexistent en nous deux vies, absolument différentes et souvent opposées, Thérèse assoiffée d'absolu,

---

1. HA, p. 227.

s'est mise d'instinct devant ce dualisme qui, s'il accepte les compromis, fait échec à la vie divine. Elle a fait l'expérience de cette profonde tendance de l'homme à vivre pour lui-même et par lui-même. Si pure et si jeune, elle ne s'est pas méprise sur notre condition humaine et sur ce déchirement intérieur que saint Paul a si profondément analysé : « Je ne fais pas le bien que je veux, et je fais le mal que je ne veux pas[1]. » Mais elle a compris aussi l'infinie miséricorde du Dieu qui vient prendre en charge, si on lui en laisse la liberté, toute l'activité de sa créature ; et comme elle désire être sainte et aimer à la folie, elle n'a plus qu'à laisser le gouvernail entre les mains de Dieu.

« Je désire être sainte, mais je sens mon impuissance, et je vous demande, ô mon Dieu, d'être Vous-même ma Sainteté... Je sens en mon cœur des désirs immenses, et c'est avec confiance que je Vous demande de venir prendre possession de mon âme[2] »

Se livrer totalement à l'Amour exige donc une disposition constante du cœur qui se garde vide, réceptif et assoiffé, devant la plénitude débordante de Dieu qui se donne à nous. C'est un mouvement profond et continu qui doit donner naissance à un état de dépendance absolue vis-à-vis de l'Amour. Puisque la Miséricorde est l'Amour en action, se livrer à elle, c'est lui remettre notre gouvernement intérieur, c'est faire toute la place à l'initiative divine. C'est, en définitive, établir Dieu, au lieu de notre « moi », au principe de toute notre activité.

Thérèse est là au centre du problème. La question

---

1. Rm 7, 19.
2. Acte d'offrande.

n'est pas de savoir s'il restera une vie de nos facultés naturelles. Nous savons d'expérience que celles-ci n'en manquent pas et leur suppression ne constitue pas la sainteté chrétienne. Mais la question est de savoir d'où partira en réalité l'impulsion de ce mouvement vital. Thérèse répond immédiatement : de Dieu seul, de Dieu toujours. Et comme elle ne peut assurer par elle-même ce changement de source, sachant que Dieu le peut et le désire, elle l'y invite, se livre et s'en remet à Lui : « Avec quelle douceur je lui ai remis ma volonté ! Oui, je veux qu'Il s'empare de mes facultés de telle sorte que je ne fasse plus d'actions humaines et personnelles, mais des actions toutes divines, inspirées et dirigées par cet Esprit d'Amour [1]. »

Et ailleurs commentant saint Paul : « Nous ne savons rien demander comme il faut, mais c'est l'Esprit qui demande en nous avec des gémissements qui ne se peuvent exprimer. Nous n'avons donc qu'à livrer notre âme, à l'abandonner à notre grand Dieu [2]. »

L'effort consistera donc à accepter sitôt qu'on en prend conscience le mouvement de ses facultés, de les freiner doucement dès qu'on les sent prendre, comme d'instinct, trop d'indépendance. Mortifier l'élan de la nature par un simple regard sur Dieu ou sur la Vierge (Thérèse fait indifféremment l'un ou l'autre), par un contact repris dans la prière, fût-elle d'une seconde, par une purification d'intention, c'est se mettre sous l'emprise de la grâce, lui donner la maîtrise sur toute notre activité humaine.

C'est aussi pratiquer le renoncement intérieur le plus absolu, transposer le « moi » plus rapidement que par aucun autre exercice, car c'est l'attaquer non plus en ses

---

1. HA, p. 236.
2. LT 165, 7/7/1894 citant Rm 8, 26.

manifestations, mais en ses profondeurs, c'est porter la cognée à la racine de l'arbre. Si le renoncement au début a pu prendre d'autres formes et sembler plus précis, il était en réalité moins exigeant. Il était fait d'une succession d'actes, il devient à peu près un état. Il est désormais de tous les instants, mais il est simple et pacifique. Il consiste en un mouvement intérieur de conversion vers l'amour, non en une tension pour ou contre tel ou tel acte ; il alimente sans l'interrompre et sans en détourner l'attention le courant d'amour et de vie que Dieu veut donner à l'homme.

III. La vie nouvelle

Thérèse avait promis à ses novices de satisfaire, en les livrant à l'Amour, leur grand désir d'aimer le Seigneur, et cela au milieu même de leurs misères. En fait, l'offrande à l'Amour est formulée avec cette intention fondamentale et précise : « Afin de vivre dans un acte de parfait amour[1]... » Thérèse ne prétend donc pas seulement mieux aimer, mais vivre dans un acte d'amour parfait. N'est-ce point là ambition folle, irréalisable ? Elle ne le croit pas. « Mon Père agit sans cesse, et Moi aussi j'agis », disait le Christ[2] aux Pharisiens scandalisés de le voir opérer des miracles un jour de sabbat. De même dans un être pacifié, qui s'est totalement démis de lui-même et remis à Lui, Dieu agit sans cesse. Et il agit quand bien même on n'aurait pas son attention continuellement fixée en lui — ce qui est impossible à la faiblesse humaine — pourvu seulement qu'on soit fidèle à s'offrir, c'est-à-dire qu'on demeure,

---

1. Acte d'offrande.
2. Jn 5, 17.

en ce qui regarde son activité, dans une attitude de dépendance paisible, où Dieu se plaira à œuvrer. Rien n'est plus facile en effet à l'Amour que de mouvoir continuellement l'homme et même à son insu, s'il s'abandonne à Lui. Ce n'est plus alors avec son propre amour que l'on aime son Dieu, mais avec les battements du Cœur divin Lui-même. Tel est l'amour auquel aspirait Thérèse, l'Amour qu'elle a souhaité pour ses sœurs et pour toutes les « petites âmes ».

« L'amour attire l'amour, aussi, mon Jésus, le mien s'élance vers Vous, il voudrait combler l'abîme qui l'attire, mais hélas ! ce n'est pas même une goutte de rosée perdue dans l'océan ? Pour Vous aimer comme Vous m'aimez, il me faut *emprunter votre propre amour,* alors seulement je trouve le repos[1]. »

« O phare lumineux de l'amour, je sais comment arriver jusqu'à toi, j'ai trouvé le secret de m'*approprier* tes flammes[2] ! »

La foi en l'Amour devient donc foi en l'action incessante de l'Amour. Venu prendre possession d'un cœur, Dieu y accomplit secrètement son œuvre consumante et transformante. On ne répétera jamais trop que Thérèse n'a pas ordinairement senti l'action de Dieu mais qu'elle y a cru indéfectiblement. Et cette possession intime par Dieu d'un être qui n'en a pas le sentiment, lui apparaît l'idéal entre tous désirable, « la sainteté la plus vraie, la plus sainte[3] ».

On reste néanmoins avec son impuissance. Pas de perfection soudaine, les novices se voient aussi faibles

---

1. Ms C, 35 r°.
2. Ms B, 3 v°. C'est nous qui soulignons.
3. Ms A, 78 r°. Cf. le trait suggestif qu'elle rapporte à ce propos.

après leur donation qu'avant, mais elles doivent continuer à faire tout ce qu'elles peuvent avec une fidélité accrue. Ce qu'elles font demeure, il est vrai, de l'infiniment petit, mais tout se situe dans une perspective nouvelle. Cet infiniment petit n'est plus décevant, il devient même extrêmement précieux puisque c'est tout ce qu'elles peuvent faire pour prouver leur amour. « Cueillir en chantant les fleurs des petits sacrifices et les effeuiller pour leur Bien-Aimé [1] » : plus d'autre souci, d'autre occupation puisqu'elles ne s'appartiennent plus. Et ces riens qui n'ont aucune valeur par eux-mêmes, sont justement ce qui va appeler en elles l'Amour miséricordieux. Par leurs menues fidélités, elles doivent sans cesse libérer davantage l'influx divin sous lequel elles ont l'ambition de se mouvoir librement.

Le cœur qui se livre atteint ainsi à tout moment au fond des choses ; il tient à mettre en chaque action toute l'intensité d'amour que l'Esprit-Saint veut lui communiquer. Il désire en accomplissant avec perfection, dans l'instant présent, son devoir d'état, s'unir aussi étroitement que possible à Dieu qui le lui présente comme son bon plaisir, que ce devoir lui paraisse sérieux ou insignifiant, agréable ou contre son goût, qu'il s'agisse d'une œuvre extérieure ou d'une lutte intime.

N'est-ce point l'attitude la plus réaliste et la plus efficace, celle qui utilise au maximum le don de Dieu, et le rend productif ? Point d'heures perdues, de grâces stériles, d'actes indifférents. Derrière les apparences calmes ou mouvementées, la vie qui se développe sans cesse, l'homme intérieur grandit jusqu'à la stature parfaite du Christ Jésus.

On n'atteint pas pourtant du premier jour à une semblable fidélité ! Nimporte, répond Thérèse, les

1. Cf. Ms B, 4 r° et v°.

chutes ne sont pas graves sur cette voie. Les petits enfants peuvent bien tomber, ils n'offensent pas en cela leurs parents et ne se font jamais beaucoup de mal[1]. Il leur suffit de s'humilier de leurs imperfections et la grâce de Dieu reprend toute sa vigueur : « Dans un acte d'amour, même non senti, tout est réparé et au-delà[2]. »

Il n'est pas nécessaire que l'effort aboutisse au succès. Car pour n'avoir pas atteint son but de surface — telle vertu à pratiquer, tel sacrifice à bien faire — il n'en a pas moins atteint son but profond et essentiel. L'échec humblement accepté, s'il provoque un regard sur l'Amour, met en mouvement cet Amour miséricordieux, sans cesse penché sur la faiblesse. « Cela me comble de joie d'avoir été imparfaite, avouait-elle à Céline, aujourd'hui le Bon Dieu m'a fait de grandes grâces : c'est une bonne journée[3] ! » Il n'est pas requis de gravir même la « première marche de l'escalier » de la perfection; il est simplement demandé de « lever toujours son petit pied[4] ». C'est cela qui touche la tendresse de Dieu, l'incite à prendre entre ses bras l'enfant qui lui appartient et à l'enlever d'un bond jusqu'à lui. Tout ce qui n'est pas pur est immédiatement effacé en elle par l'Amour qui tire parti de tout et consume ce qui peut lui déplaire. « Depuis cet heureux jour, écrit Thérèse après son offrande, il me semble que l'amour me pénètre et m'environne, il me semble qu'à chaque instant cet amour miséricordieux me renouvelle, purifie mon âme et et n'y laisse aucune trace de péché[5]. »

Thérèse a vu ses sœurs se crisper sur leurs défauts et

1. CJ 6. 8. 8, DE, p. 309.
2. LT 65, 20/10/1888.
3. CSG, p. 23.
4. HA, p. 205.
5. Ms A, 84 r°.

en rendre la correction impossible parce qu'elles voulaient s'en défaire, plus par amour-propre que pour contenter Dieu. Maintenant qu'elle a donné à l'Amour leur conduite, elle les amène doucement, sagement, à ne pas s'inquiéter de leurs penchants mauvais, à y résister simplement et fermement quand elles les aperçoivent, et à se remettre dans la paix sous le rayonnement de l'Amour miséricordieux.

Thérèse leur demande de croire, sans restriction, à cette action purificatrice. Puisqu'il les a prises en charge, Dieu accomplira son œuvre [1], pourvu qu'elles ne lui en reprennent jamais volontairement la direction. Il se fera Lui-même leur sainteté ; tout le reste leur sera donné par surcroît.

Elles doivent se souvenir en effet qu'aucune vertu ne leur appartient [2]. Elles n'acquièrent ni ne possèdent rien par elles-mêmes. Si elles pratiquent toutes les vertus, et mieux que les autres, c'est par un pur don de Dieu, il faut même dire, en un sens, par un prêt gratuit de l'Amour. Elles ne doivent pas y accorder une attention qui les distrairait de Dieu, et elles ne peuvent s'en glorifier. Les vertus sont un surcroît que l'Amour donne à ceux qui ne regardent que Lui et ne vivent que pour Lui. C'est en demeurant tout à l'Amour qu'elles pratiquent la vertu, comme sans le faire exprès. La recherche de la perfection, le souci des vertus à acquérir est si souvent un subtil obstacle, une décevante impasse !

Aussi reprend-ses sœurs quand elles essayent de faire « provision » de vertu. Cette attitude de dépossession est si foncière chez elle qu'un jour où l'on admire sa patience, elle proteste : « Je n'ai pas encore eu une

---

1. Cf. S. Paul dans l'épître aux Philippiens : « J'ai confiance que celui qui a commencé en vous une œuvre excellente, en poursuivra l'achèvement jusqu'au jour du Christ » (1,6).
2. Ms A, 76 r°.

minute de patience ! Ce n'est pas ma *patience* à moi ?...
On se trompe toujours[1] ? » Elle ne s'y trompait
pas.

A chaque instant, l'homme reçoit tout de l'Amour
miséricordieux. Simplement, il dispose des biens que le
Seigneur se plaît à lui communiquer, car le trouvant tout
occupé de Lui et dépossédé de lui-même, il n'a plus
crainte qu'il s'enorgueillisse de ses dons. Ni les défauts
ni les défaites ne sont obstacles à son œuvre. Seul
suspend cette œuvre ou la tient en échec le geste égoïste
qui s'attribue quelque chose à lui-même, ou s'appuie sur
ses propres forces. C'est le sens de la plus bouleversante
peut-être des confidences faites par Thérèse à Mère
Agnès :

« Oh ? si j'étais infidèle, si je commettais seulement la
moindre infidélité, je sens que je la paierais par des
troubles épouvantables, et je ne pourrais plus accepter
la mort.
— De quelle infidélité voulez-vous parler ?
— D'une pensée d'orgueil entretenue volontairement, si je me disais par exemple : J'ai acquis telle
vertu, je suis certaine de pouvoir la pratiquer. Car alors
ce serait m'appuyer sur mes propres forces, et quand on
en est là, on risque de tomber dans l'abîme[2]. »

Mais il suffit d'attendre tout de Dieu seul, pour
recevoir ce qui doit assurer notre fidélité profonde.
Confiance et humilité, telles sont donc les dispositions
fondamentales.

Pourtant dans cette voie si simple et « qui dilate tant
le cœur[3] », comme disent les novices, ny a-t-il point

1. CJ 18. 8. 4, p. 325.
2. CJ 7. 8. 4, DE, p. 310.
3. Cir/MTr, p. 14.

d'angoisses, de lourdes souffrance extérieures, de dures tentations intérieures ? L'exemple de Thérèse est une suffisante réponse !

« S'offrir en victime à l'Amour, a-t-elle pu dire un jour pour secouer une novice trop paresseuse, c'est se livrer sans cesse au bon plaisir divin, c'est s'attendre à partager avec Jésus ses humiliations et son calice d'amertume [1]. »

Mais à une autre plus craintive :

« Pourquoi craignez-vous de vous offrir en victime à l'Amour miséricordieux ? Si vous vous offriez à la Justice divine, vous pouriez avoir peur. Mais l'Amour miséricordieux aura compassion de votre faiblesse ; il vous traitera avec douceur, avec miséricorde [2]. »

Sœur Marie du Sacré-Cœur exprimait les mêmes craintes et Thérèse lui affirma

« qu'elle ne souffrirait pas davantage, que c'était pour pouvoir mieux aimer le Bon Dieu pour ceux qui ne veulent pas L'aimer [3] ».

Selon Sœur Geneviève, la sainte répétait :

« On n'a rien à craindre de l'offrande à l'Amour miséricordieux, car, de cet amour, on ne peut attendre que de la Miséricorde [4]. »

---

1. HA, p. 174. Sum II (Sœur Marie de la Trinité).
2. HA, p. 174.
3. CSG, p. 69.
4. CSG, p. 68.

Ces réflexions se complètent et expriment bien toute la vérité : personne n'est exempt de peines et de tribulations, mais Dieu les envoie parce qu'il est Lui-même la force de l'homme et le rend capable de soutenir son action. Thérèse l'a affirmé tant à propos de son épreuve contre la foi que lors des grandes souffrances physiques des derniers mois : « O ma Mère, jamais je n'ai si bien senti combien le Seigneur est doux et miséricordieux ; Il ne m'a envoyé cette épreuve qu'au moment où j'ai eu la force de la supporter ; plus tôt, je crois bien qu'elle m'aurait plongée dans le découragement [1]. »

« Le Bon Dieu me donne du courage en proportion de mes souffrances. Je sens que, pour le moment, je ne pourrais en supporter davantage, mais je n'ai pas peur, puisque si elles augmentent, il augmentera mon courage en même temps [2]. »

Si elle a préféré le Carmel « pour souffrir davantage [3] », à la fin de sa vie elle est plus détachée : « Je ne désire plus ni la souffrance ni la mort, et cependant je les chéris toutes deux. Aujourd'hui c'est l'abandon seul qui me guide [4]. » Les pires souffrances peuvent venir, la réponse est trouvée, elle est toujours la même. Tout est amour, la grâce est là [5].

La mort elle-même sera simple. C'est sur un dernier acte de foi, le bond pour l'éternité en l'Amour miséricordieux. Rien n'est à craindre. « Pour les victimes de l'Amour, il me semble qu'il n'y aura pas de jugement ; mais plutôt que le Bon Dieu se

---

1. Ms C, 7 v°.
2. CJ 15. 8. 6, DE, p. 321.
3. CSG, p. 103.
4. CSG, p. 154.
5. C'est l'attitude constante de Thérèse durant sa dernière maladie. Cf. les *Derniers Entretiens*.

hâtera de récompenser par des délices éternelles son propre Amour qu'il verra brûler dans leur cœur [1]. »

La petite voie est un chemin rapide. Pour les êtres qui se livrent vraiment, tout va vite. Non point qu'elle leur fasse atteindre immédiatement les sommets, mais en les débarrassant de l'enchevêtrement de tous les mouvements naturels qui, d'ordinaire, troublent ou ralentissent l'action divine, elle leur permet de marcher au pas de Dieu. Les épreuves mêmes ne présentent plus de difficultés réelles ; point n'est besoin de lumières, ni d'explications nouvelles. Dieu Lui-même dans sa bonté donne à ses enfants au moment où ils en ont besoin l'assurance qu'ils ne se leurrent pas, que son amour est à l'œuvre en eux et les mènera jusqu'au bout.

Ainsi Thérèse n'a trompé ni ses novices ni l'attente de son Dieu. Le désir d'aimer qu'elle a trouvé en elles, elle l'a porté vraiment à son total accomplissement, le désir d'être aimé qu'elle a découvert dans le Cœur du Seigneur, elle l'a satisfait autant qu'il était en son pouvoir.

Tout se trouve épanoui dans les êtres qui lui étaient confiés et qui ont été fidèles. Car, en se livrant à l'Amour, la nature meurt à elle-même mais pour renaître en Dieu. En se livrant, on atteint à la plénitude de son épanouissement et ce bienfait réel nous est d'autant plus largement concédé qu'on ne l'a jamais directement cherché. Progressivement libérées de ce qui les enchaîne ou les rapetisse, les facultés se voient affermies, dilatées, puisque la nature ne se porte plus à l'action que sous l'influence de la grâce.

En guidant ses sœurs sur cette voie, Thérèse a forgé de solides servantes du Seigneur. Leur engagement au service de l'Eglise prend tout son sens et toute son

---

1. HA, p. 227.

efficience. Qu'elles soient apôtres par la prière et l'amour seuls, ou qu'elles y ajoutent les œuvres extérieures, qu'importe, dès lors qu'elles font la volonté de Dieu ? « Ce qu'Archimède n'a pu obtenir..., les Saints l'ont obtenu dans toute sa plénitude. Le Tout-Puissant leur a donné pour point d'appui : *Lui-même, Lui seul.* Pour levier, l'oraison qui embrase d'un feu d'amour... c'est ainsi que les saints militants le soulèvent et que jusqu'à la fin du monde les saints à venir le soulèveront aussi [1]. »

Leur vie tout entière bénéficie de la Miséricorde que nous savons à l'œuvre — et à quelles profondeurs ! — en ce monde. Elle est une imitation aussi de la vie de Marie de Nazareth qui, par son « oui », s'est la première livrée à l'Amour pour son œuvre de miséricordieuse rédemption.

---

1. Ms C, 36 r° et v°.

Chapitre VII

LE MOUVEMENT D'ABANDON

Thérèse Martin a su jalonner pour nous la voie nouvelle qu'elle a d'abord ouverte pour elle-même. Elle l'a fait avec son réalisme habituel, respectant à la fois les données fondamentales de toute vie spirituelle et le concret de l'existence : ce qu'est l'homme, qui est Dieu.

Toute l'initiative vient du Père, qui appelle et pardonne, et du Christ, qui a voulu assumer la condition humaine, avec ses grandeurs et ses limites, qui a vécu lui-même l'abandon filial et l'a fait vivre à ses disciples et à sa propre Mère.

Sur l'homme et ses possibilités réelles de conversion et d'héroïsme, Thérèse sait à quoi s'en tenir ; et son expérience personnelle ne lui laisse aucune illusion. Elle se sent fragile et démunie, impuissante et dépendante comme un enfant à la marche incertaine, qui tombe à tous les pas. Sans pessimisme, mais sans complaisance, elle nous fait prendre conscience de notre inertie et de la puissance de refus et de convoitise qui nous habite. Elle n'ignore pas, cependant, que cette faiblesse prend des formes très variées selon les individus et les situations : chacun réagira à sa manière au message évangélique de l'enfance spirituelle. De ce point de vue, la correspondance de Thérèse est riche d'enseignement, spécialement les lettres qu'elle envoyait à ses différents frères spirituels, l'abbé Bellière, un séminariste, futur missionnaire ; le P. Roulland, missionnaire en Chine : son témoignage vise toujours à inculquer la même attitude filiale, mais il s'adapte, avec discrétion et humour, au caractère et à l'histoire de chacun.

Thérèse a donc différencié et transposé elle-même son enseignement, et il est normal, à un siècle de distance, que ses intuitions aient besoin à nouveau d'être transcrites dans un autre langage. L'important est de retenir surtout l'esprit qui a dicté ses conseils et l'axe spirituel sur lequel ils s'articulent : la parole de Jésus, qui interpelle tout homme en toute circonstance : « Si vous ne changez pas et ne devenez comme les petits enfants, vous n'entrerez pas dans le Royaume des Cieux » (Mt 18, 3).

Thérèse a la certitude que cet esprit d'enfance peut toujours jouer comme un ressort. Mais il s'agit au départ de ne pas le fausser. Mieux que personne, Thérèse sait écarter les contrefaçons de l'abandon et nous enseigner ce rythme intérieur qui nous permet de vivre « dans les bras de Jésus » (LT p. 226) en toutes circonstances, et d'y connaître le bonheur de notre condition de fils de Dieu.

I. Le courage de l'abandon

Abandon : le mot pourrait donner le change. Si par abandon l'on entendait des formes plus ou moins subtiles de nonchalance spirituelle ou de démission, mieux vaudrait tout de suite sacrifier le mot, car un tel renoncement aux tâches et aux responsabilités du chrétien trahirait à la fois l'Evangile et le dessein de Thérèse. Mais ce même mot d'abandon peut désigner la nuance confiante et pacifiée d'un amour total, et en ce sens il recouvre parfaitement l'expérience vécue et décrite par Thérèse.

Que fait l'enfant devant un obstacle ? Après un premier moment de surprise ou d'agressivité, il n'insiste pas : il appelle. C'est ce réflexe avant tout que Thérèse veut emprunter à l'enfant. Non pas ses attitudes de gentillesse ou d'ignorance insouciante, encore moins sa naïveté, mais la facilité avec laquelle il attend aide et protection d'un autre, à qui déjà il doit la vie ; non pas sa candeur et son franc-parler, trop inconscients encore pour être des vertus, mais l'audace tranquille de sa confiance. L'enfant sent ou devine qu'il est radicalement dépendant de l'amour d'un père ou d'une mère, mais sa grande force est de trouver cela naturel.

Thérèse, de même, ne s'étonne ni ne se dépite de se voir retomber sans cesse ou de retrouver chaque jour le même fardeau de fatigue et de misère. Parce qu'elle veut vivre l'abandon, elle se défend de rester au niveau des difficultés qu'elle rencontre. Au lieu de rester butée sur l'impression ou la tentation qui la paralysent, et de vouloir en triompher par elle-même, elle se tourne aussitôt vers le Père et s'en remet à lui ; mieux : elle lui offre la difficulté, la lui donne. Quand une tâche lui paraît dépasser ses forces ou ses moyens, elle court à Dieu, non pas pour esquiver la tâche, mais pour l'assumer avec lui ; et s'il n'est pas possible de surmonter un obstacle, elle se contente de « passer en dessous [1] », mais toujours sous le regard de Dieu, par un acte délibéré de confiance et dans une ouverture totale à ce que Dieu attend d'elle.

Cette attitude évangélique expérimentée et enseignée par Thérèse rejoint d'emblée le « mouvement d'envol »

---

1. CSG, p. 44.

préconisé par saint Jean de la Croix dans ses *Conseils*[1], en vue d'une vraie libération. Il existe deux manières, dit en substance Jean de la Croix, pour vaincre en nous le mal ou la tentation. Ou bien nous résistons « à coups de vertus », en opposant par exemple la patience à l'injure, une pensée évangélique à une rancœur tenace. Ou bien, quand se présente la difficulté, intérieure ou extérieure, nous recourons sans retard à un mouvement d'envol, élevant notre cœur à l'union de Dieu. Nous nous « présentons à notre Dieu » et, une fois unis à lui, nous réjouissant avec lui nous laissons l'ennemi « frustré dans son projet, ne trouvant plus qui frapper », selon la parole du psalmiste : « Le mal ne viendra pas jusqu'à toi » (Ps 91, 10).

Jean de la Croix sait aussi qu'au début, tant que l'amour est trop faible ces coups d'ailes ne suffisent pas, il faut se servir de toutes les autres armes. Mais il est certain que le contact avec Dieu dans ce mouvement d'envol est la meilleure manière de résister, celle par où il faut toujours commencer et toujours finir.

De la même manière, Thérèse, spontanément, s'élance vers Dieu. Non pas qu'elle tente de s'évader du réel et de se cacher les difficultés, mais parce qu'elle veut tout voir dans la lumière du Christ et tout accomplir dans sa force. L'art de Thérèse est d'avoir transformé en réflexe de tous les instants ce mouvement volontaire d'adhésion à Dieu, et d'en avoir donné une traduction concrète, propre à nous éviter les tâtonnements pénibles qui découragent bien souvent les plus généreux.

---

1. JEAN DE LA CROIX, Œuvres complètes, Bibliothèque européenne, Desclée De Brouwer, Paris, 1958, p. 1024-1026.

II. Expérience progressive du mouvement d'abandon

L'expérience a fait voir à Thérèse que ce mouvement d'abandon filial n'atteint pas du premier coup à la perfection, et qu'il faut s'y exercer. Faisant retour sur elle-même, la jeune maîtresse des novices reconnaît que le Christ l'y a introduite peu à peu, et qu'elle a dû rcevoir la leçon des faits. Les débuts difficiles qu'elle a connus, Thérèse voudrait les épargner à ses sœurs. Celles-ci, malgré leur bonne volonté, achoppent parfois durement sur leurs limites, et, devant leurs échecs, sont tentées d'arrêter le combat ; Thérèse les y ramène, sans se lasser, et les aide à cheminer pas à pas, respectant à la fois les lenteurs humaines et la pédagogie de Dieu.

Ayant connu elle-même un long apprentissage, Thérèse sait que nous ne réagissons pas spontanément par un geste d'abandon, et que nous ne donnons pas d'emblée à Dieu l'épreuve qui surgit. Elle raconte, dans ce sens, un souvenir, banal en soi, mais d'autant plus intéressant qu'il reste de plain-pied avec nos misères quotidiennes :

« Un soir, après Complies, je cherchai vainement notre petite lampe sur les planches réservées à cet usage ; c'était grand silence, impossible de la réclamer... je compris qu'une sœur, croyant prendre sa lampe, avait pris la nôtre dont j'avais un très grand besoin ; au lieu de ressentir du chagrin d'en être privée, je fus bien heureuse, sentant que la pauvreté consiste à se voir privée non pas seulement des choses agréables, mais encore des choses indispensables ; aussi, dans les ténèbres extérieures je fus illuminée intérieurement[1]... »

---

1. Ms A, 74 r° et v°.

L'incident révèle bien une attitude fondamentale. Non seulement Thérèse excuse la religieuse qui s'est trompée, mais elle essaie aussitôt de dominer son agressivité, réaction d'autant plus urgente que, après une heure d'inactivité dans le noir, le bouillonnement intérieur risque fort de continuer durant l'office de matines. En ressaisissant la promesse qu'elle a faite de vivre pauvre pour le Christ, Thérèse laisse Dieu agir en elle ; sa patience lui permet d'accueillir la lumière qui vient à elle et de réduire le désagrément à ses justes proportions.

Dès 1890, l'abandon filial semble avoir atteint chez Thérèse une pleine maturité. Alors qu'elle approche de la fin de son noviciat, elle apprend que les responsables du monastère ont décidé de retarder un peu sa profession religieuse : « Je dus attendre encore huit mois ! Au premier moment, il me fut bien difficile d'accepter ce grand sacrifice ; mais bientôt la lumière se fit dans mon âme. (...) Un jour, pendant l'oraison, je compris que mon vif désir de faire profession était mélangé d'un grand amour-propre ; puisque je m'étais donnée à Jésus pour lui faire plaisir, le consoler... je ne devais pas l'obliger à faire ma volonté au lieu de la sienne (...). Alors je dis à Jésus : " O mon Dieu, je ne vous demande pas de prononcer mes saints vœux ; j'attendrai autant que vous le voudrez : seulement je ne veux pas que par ma faute mon union avec vous soit différée [1]. " »

Le mouvement d'abandon est déjà là tout entier. Thérèse prend conscience de l'épreuve, et elle souffre ; mais devant Dieu, dans la rencontre de la prière, la lumière va se faire en elle. Au lieu de se révolter, la novice recherche la vraie cause de sa peine, et la

1. Ms A, 73 v° et 74 r°.

découvre dans son orgueil. Elle adhère alors à la volonté du Seigneur, accepte ce retard qui l'humilie, et offre sa souffrance à Dieu pour tout le temps qu'il lui plaira. Par ailleurs cet abandon et cette décision courageuse de coïncider avec le projet de Dieu ne dispensent pas de l'effort, et Thérèse va redoubler de générosité pour préparer son engagement.

Ainsi, avant même d'avoir achevé son noviciat, la jeune carmélite de dix-sept ans se révèle capable d'analyser lucidement une épreuve spirituelle et de dégager à sa manière les trois composantes essentielles du mouvement d'abandon : *voir la réalité bien en face dans la lumière de Dieu, l'assumer pour Dieu, l'offrir à Dieu.*

Nous venons de constater la réaction de Thérèse dans un moment particulièrement crucial : le refus catégorique du supérieur ne pouvait-il pas signifier un refus de Dieu ? Mais nous savons, par un souvenir de Sœur Geneviève, que Thérèse renouvelait bien souvent, et jusque dans les plus humbles circonstances, cette union toute confiante de son vouloir avec les préférences de Dieu : « Il arriva, un soir, pendant le silence, qu'on lui fit préparer une veilleuse pour le dehors. (...) J'eus, me confia-t-elle, un grand combat. Je murmurais contre les personnes et les circonstances ; j'en voulais aux tourières de me faire travailler... Mais tout à coup la lumière se fit dans mon âme ; je me figurais que je servais la Sainte Famille... et alors j'y mis tant d'amour que je marchais d'un pas bien léger et le cœur débordant de tendresse. Depuis j'employai toujours ce moyen[1]... »

Cet incident, modeste, qui doit dater de l'automne 1892, est sans commune mesure avec le retard d'une

---

1. CSG, p. 100.

profession ; pourtant nous retrouvons encore, dans la réaction de Thérèse, la même structure : sous le regard du Christ, elle fait face à la situation, en accepte l'inconvénient, offre tout à Dieu et se remet au travail avec plus d'empressement.

Il suffit de parcourir les manuscrits de Thérèse ou les recueils de souvenirs pour retrouver partout, sur la trame de ses journées, ces élans pleins d'abandon qui sont devenus pour elle comme un réflexe théologal, et qui la ramènent, soumise, heureuse et vaillante, tantôt en présence du Père, tantôt devant le Christ à qui elle a voué sa vie.

C'est ainsi, en particulier, qu'elle retrouve la paix, à la fin de sa vie, lors de ses tentations très pénibles contre la foi : « A chaque nouvelle occasion de combat, lorsque mon ennemi vient me provoquer, je me conduis en brave ; sachant que c'est une lâcheté de se battre en duel, je tourne le dos à mon adversaire, sans daigner le regarder en face ; mais je cours vers mon Jésus, je Lui dis être prête à verser jusqu'à la dernière goutte de mon sang pour confesser qu'il y a un Ciel. Je Lui dis que je suis heureuse de ne pas jouir de ce beau Ciel sur la terre [1]. »

Là encore, Thérèse nous livre le secret de ses victoires : elle ne prend pas l'adversaire de front comme si elle avait en elle-même la force de vaincre, mais se range d'abord au côté du Christ vainqueur. « En toutes ces épreuves, dit saint Paul, nous triomphons par celui qui nous a aimés » (Rm 8, 37). De même, si Thérèse se garde bien de se mesurer seule à l'ennemi, elle fait preuve cependant d'une sorte de courage paradoxal, qui consiste à laisser la force du Christ se déployer dans sa propre fragilité. Si elle ose se glorifier, comme l'Apôtre,

---

1. Ms C, 7 r°.

de ses faiblesses, c'est pour que repose sur elle la puissance du Ressuscité. Lorsqu'elle est faible et se reconnaît telle, c'est alors qu'elle est forte (cf. 2 Co 12, 8-10). Elle est pauvre, mais elle sait quoi faire de sa pauvreté, et c'est par là surtout qu'elle nous ouvre un chemin évangélique.

III. Les lignes de force du mouvement d'abandon

Il a fallu à Thérèse une longue fidélité pour purifier et parfaire son attitude filiale envers Dieu ; elle était donc à même d'enseigner à ses novices comment répéter l'acte d'abandon pour qu'il leur devienne spontané. Si elles échouent, c'est qu'elles ont voulu aller trop vite ou qu'elles ont négligé un des trois éléments qui assurent à l'abandon son authenticité théologale : soit la prise de conscience lucide et sincère, devant Dieu, de la situation réelle, soit — ce qui est le plus difficile — l'acceptation loyale et absolue de toutes les limites, de tous les handicaps ou d'un état de misère morale, soit, enfin et surtout, l'offrande à Dieu de tout ce qu'on a reconnu et assumé.

Les circonstances et les nécessités pédagogiques ont amené Thérèse à mettre en relief tantôt un aspect, tantôt un autre de cet élan libérateur vers Dieu ; et nous allons voir comment elle a dégagé elle-même ces lignes de force de l'acte d'abandon.

Premier élément : un regard objectif, dans la lumière de Dieu

Le recours immédiat à Dieu doit nous permettre de regarder objectivement toute situation, sans la nier ni la colorer au gré de notre désir. C'est en priant que Thérèse, retardée à sa profession, s'aperçoit que sa tristesse provient surtout d'un amour-propre blessé. Si une novice se vexe d'une préférence accordée par la prieure à une religieuse, qu'elle n'aille pas invoquer son affection méconnue... « Ce n'est pas notre Mère que vous aimez, mais vous-même [1] ! »

Certes, nous ne sommes pas toujours directement responsables de notre désarroi : « C'est une grande épreuve de voir tout en noir, mais cela ne dépend pas de vous complètement [2] » ; cependant, si nous sommes parfois abattus par notre tempérament ou les séquelles de notre histoire affective, nous excuser serait une solution de facilité : « Il ne faut jamais, quand nous commettons une faute, l'attribuer à une cause physique, comme la maladie ou le temps, mais convenir que cette chute est due à notre imperfection, sans jamais nous décourager [3]. » Ainsi elle distingue bien l'état dont nous ne sommes pas maîtres et l'acte dont nous sommes responsables.

Si Thérèse sait reconnaître l'impact de nos misères psychologiques, elle ne cherche pas pour autant à éviter toute crise en formant des consciences trop larges : un amour vrai pour le Christ implique que l'on accueille de bonne grâce les exigences de Dieu. Toutefois celui qui se sait et se sent pécheur n'a pas à se désoler « dans un coin [4] » : il doit aller au Père qui comprend et pardonne, sans crainte de s'avouer coupable, puisque ainsi il entre dans la miséricorde de Dieu. L'abandon doit se vivre dans une humilité sans réticences ; jamais nous ne serons trop lucides sur notre faiblesse, et Thérèse

1. HA, p. 242.
2. LT 241, juin 1897 ?
3. HA, p. 217.
4. Ms B, 5 v°.

demande à ses novices de se voir telles qu'elles sont. Ainsi, à Sœur Geneviève, qui réclame avec vivacité qu'on ne secoue pas trop fort des couvertures usagées, elle demande : « Que feriez-vous si vous n'étiez pas chargée de raccommoder ces couvertures[1] ? » Inutile aussi de dramatiser une situation pour se faire plaindre ou se mettre en vedette. Tout doit garder ses justes proportions[2], les peines comme les enthousiasmes : vous vous glorifiez d'une heureuse initiative ? Comment auriez-vous réagi si on vous l'avait imposée ? Car « il y a toujours des *si* et des *mais* quand ce sont les idées des autres qu'il faut adopter[3] ».

Ainsi, à la lumière de l'Evangile et du commandement du Seigneur, les choses, les personnes et les événements retrouvent leur vraie place, celles qu'ils ont dans le dessein de Dieu.

Deuxième élément : reconnaître et assumer

Voir plus clairement nos déficiences ne doit pas nous paralyser ; c'est au contraire le premier pas vers une libération, car cette impuissance et cette vulnérabilité dont nous avons pris conscience, il faut sans retard, devant Dieu, les reconnaître et les accepter. A quoi servirait-il de se fuir ou de se prendre en dégoût parce qu'on se découvre chétif et pauvre ? Que gagnerait-on à aggraver le mal en se complaisant dans la tristesse ? Il suffit de se prendre en patience et de se supporter, sûr de l'amour du Père qui accueille ses enfants tels qu'ils sont, pour les rendre tels qu'il les veut.

Nous avons déjà cité le billet si délicat où Thérèse s'excuse, vers la fin de sa vie, d'un mouvement d'hu-

---

1. CSG, p. 42.
2. Cf. CSG, pp. 10s.
3. CSG, p. 134.

meur qu'elle a eu devant Mère Agnès. Rappelons encore ce texte qui, parmi beaucoup d'autres, nous montre la jeune carmélite pacifiée malgré les tours que lui joue encore son caractère : « Je ne me fais pas de peine en voyant que je suis la faiblesse même ; au contraire, c'est en elle que je me glorifie et je m'attends chaque jour à découvrir en moi de nouvelles imperfections... Je l'avoue, ces lumières sur mon néant me font plus de bien que des lumières sur la foi [1]. »

La misère du cœur devient pour Thérèse source de joie. Au lieu de se dépiter et de se replier sur elle-même, elle se réjouit : Dieu viendra la relever, puisqu'il la voit si faible ! Si elle se présente avec son indigence, Dieu la prendra en pitié : « J'éprouve une joie bien vive, non seulement d'être jugée imparfaite, mais surtout de sentir que je le suis [2]. » Comment pourrait-elle s'affliger qu'on se fasse d'elle une opinion désavantageuse, puisqu'elle-même la partage ? Les autres ont raison ? A quoi bon se morfondre, puisque cet état, si pénible, appelle en fait l'intervention de Dieu ?

Ressaisie de la sorte dans la foi, la pauvreté nourrit et stimule l'espérance. Mais nous avons peur, bien souvent, de notre dénuement, et cela désole Thérèse : « Que peu nombreuses sont celles qui acceptent de tomber, d'être faibles, qui sont contentes de se voir par terre et que les autres les y surprennent [3]. » Reprenant la comparaison dont elle s'est servie dans sa lettre à Sœur Marie du Sacré-Cœur, elle résume ainsi son enseignement : « Nous n'avons qu'à supporter patiemment les averses, tant pis si nous sommes un peu mouillées. »

Cette manière typiquement thérésienne d'assumer la

1. HA, p. 136.
2. HA, p. 213.
3. CSG, p. 22.

fragilité humaine répond directement à l'invitation du Christ dans l'Evangile : « Ce ne sont pas les bien portants qui ont besoin de médecin, mais les malades » (Mt 9, 12). La grande force de Thérèse est d'avoir fait passer cette certitude dans sa vie.

Troisième élément : s'offrir

Il ne suffit pas de s'accepter comme on est : il faut s'offrir. Car on pourait dire « oui » passivement, avec une résignation purement fataliste, ou avec la joie trouble qui savoure la souffrance ; tandis que l'abandon, tel que Thérèse le vit et l'enseigne, inclut nécessairement un élan vers Dieu, une démarche d'espérance : « *Venez* à moi, disait Jésus, vous tous qui peinez et ployez sous le fardeau, et moi je vous donnerai le repos » (Mt 11, 28). Il s'agit donc de se mettre en route, sans attendre d'être digne de Dieu ni satisfait de soi-même.

Dans la pratique, Thérèse, maîtresse des novices, insiste beaucoup sur cet élan vers Dieu qui lui est devenu si familier. Elle a hâte de voir passer en toutes ses sœurs à l'état de réflexe spirituel cette troisième attitude, indispensable à ses yeux, qui consiste à tout livrer à Dieu en espérant tout de lui. Pourtant elle se garde bien de proposer sa méthode de manière rigide et uniforme : sa pédagogie s'adapte aux personnes et aux circonstances. Pour la débutante, qui en est encore au premier apprentissage de l'abandon, mieux vaut ne pas s'enliser dans la situation qui la fait souffrir ; elle y reviendra plus tard pour l'analyser avec calme. Qu'elle se contente d'un coup d'œil rapide sur l'épreuve qui est là ou qui approche, et qu'elle coure sans plus tarder vers le Christ vainqueur. S'étudier, s'appesantir sur soi ou sur la souffrance, serait s'exposer au découragement ou retarder indéfiniment l'offrande que Dieu attend : « Bien souvent nous ne donnons qu'après délibération ; nous hésitons à sacrifier nos intérêts temporels et spirituels ; ce n'est pas l'amour, cela. L'amour est aveugle [1]. »

Quand Thérèse recommande à sa sœur Geneviève de renouveler l'exploit de leur enfance en « passant sous le cheval [2] », elle commente ainsi son expression : « Passer sous les affaires, c'est ne pas les envisager de trop près, ne pas les raisonner [3]. » Il ne faut pas se laisser hypnotiser par la difficulté qui surgit, ni rester inerte sur un terrain où l'on est battu d'avance, celui des impressions négatives et des sentiments plus ou moins dépressifs. A ces moments où tout bouillonne dans notre affectivité, nous précipiter vers quelqu'un pour lui confier notre désarroi pourrait aussi nous y empêtrer davantage : si une novice veut raconter ses ennuis, qu'elle le fasse à l'heure où il n'y aura plus « une étincelle de passion [4] ». Il s'agit d'abord de tout remettre à Dieu ; ensuite seulement on pourra réfléchir « à froid » sur l'événement, pour mieux se connaître et réagir avec un cœur nouveau.

Assez vite, sous l'influx de la grâce nous percevons l'ambiguïté de nos motivations. Toute vraie rencontre de Dieu nous révèle, comme par contraste, nos limites et notre fragilité. La tentation pourrait venir alors de se regarder, de s'ausculter, de se jauger. Ce serait encore prendre du retard et perdre de vue le projet de Dieu, car le Père ne nous donne pas sa lumière pour nous aveugler, mais pour éclairer notre marche. Loin de nous

---

1. CSG, p. 62.
2. CSG, p. 44 : « Nous nous trouvions chez des voisins à Alençon ; un cheval nous barrait l'entrée du jardin... »
3. *Ibid.*
4. CSG, p. 158.

démoraliser en nous voyant soudain plein de refus et de compromissions, il nous faut de nouveau regarder vers Dieu, en acceptant et en lui offrant cette image décevante de nous-même.

Quelle que soit, en effet, la bonne volonté que nous apportions, Dieu seul peut opérer en nous une libération totale ; et Thérèse prend bien soin de respecter chez les autres ce travail de l'Esprit. A une sœur, déjà un peu aguerrie, qui vient lui confier ses combats et ses chutes, elle ne va pas répondre au niveau des consolations banales, et elle se garde de faire écran entre la sœur et le Christ par son affection ou même par des initiatives prématurées. C'est vers Dieu, et vers lui seul, que la sœur doit se retourner pour trouver appui. C'est pourquoi, nous l'avons vu, Thérèse interrompt un entretien avec une novice quand sonne l'oraison, pour l'obliger à se retrouver avec Dieu ; et de même, quand Sœur Geneviève se désole en répétant : « Jamais je ne serai bonne ! », Thérèse la renvoie à Dieu, pour qui rien n'est impossible : « Si, si, vous y arriverez ; le Bon Dieu vous y fera arriver [1]. » Toutefois le même réflexe : commencer par s'abandonner à Dieu.

Ainsi, chaque lumière nouvelle que Dieu nous donne sur notre faiblesse est de sa part une invitation à laisser agir sa puissance. Thérèse, d'instinct, répond en se portant d'un seul « coup d'aile [2] » vers son Père. Humble et lucide sur elle-même, jusqu'à la fin de sa vie elle restera fidèle à ces élans d'amour pleins d'espérance, qui la libéreront progressivement des sentiments négatifs ; et elle tiendra pour une indélicatesse envers l'Esprit-Saint que de s'attarder à un premier mouvement trop humain.

---

1. CSG, p. 25.
2. CSG, p. 65.

Cette vigilance de Thérèse et son souci de tout reconduire à Dieu rejaillissent d'ailleurs sur sa vie fraternelle ; car elle ne se hâte pas ainsi vers le Père sans lui apporter toutes ses relations humaines, de même qu'elle ne va pas à la rencontre de ses sœurs sans rejoindre d'abord le regard de Dieu sur elles. C'est pourquoi ses conseils sur la charité prennent une telle profondeur. Tout recours à Dieu, en esprit et en vérité, restaure et intensifie la vie fraternelle : Thérèse connaît bien cette logique de la charité, même si elle en parle parfois avec humour : « Parfois on est si mal chez soi, dans son intérieur, qu'il faut promptement en sortir... je ne vois pas d'autre moyen en ce cas que de sortir de chez soi et d'aller rendre visite à Jésus et à Marie en courant aux œuvres de charité [1]. »

Selon son enseignement, la moindre de nos actions et les détails de la vie quotidienne peuvent nous fournir l'occasion de nous tourner vers Dieu, non seulement les moments pénibles, mais encore ce qui nous semble agréable ou commode, même les menues joies de l'existence : « J'ai trouvé cela plus simple d'offrir au Bon Dieu ce que je trouvais à mon goût [2]. » Et lorsque Thérèse s'est laissé dominer un instant par son émotivité, sa défaillance elle-même devient le tremplin d'un nouvel acte de confiance : « Malgré ce que j'ai ressenti au premier moment, j'ai répété au bon Dieu que je l'aimais davantage [3]. » Toute chute la ramène au Christ sauveur, et sa plus grande victoire est de savoir offrir ses infidélités passagères : « Je m'empresse de dire au Bon Dieu : Mon Dieu, je sais que ce sentiment de tristesse, je l'ai mérité, mais laissez-moi vous l'offrir tout de même, comme une épreuve que vous m'envoyez par

---

1. HA, p. 223.
2. CJ 31. 8. 12, DE, p. 352.
3. CJ 25. 8. 7, DE, p. 341.

amour. Je regrette mon péché, mais je suis contente d'avoir cette souffrance à vous offrir [1]. »

S'offrir à Dieu dans l'état où l'on est : voilà donc la disposition à laquelle il faut toujours revenir, au début comme au terme de tout cheminement évangélique, lors de la première conversion comme après de longues années de fidélité. Car on n'a jamais fini de se livrer à Dieu, dans une liberté de plus en plus joyeuse, et une patiente ascèse de l'abandon peut nous aider puissamment à rejoindre l'attitude des vrais fils de Dieu, de tous ceux qui se laissent conduire par l'Esprit » (Rm 8, 14).

IV. Unité concrète du mouvement d'abandon

Pour mieux analyser l'abandon thérésien, nous venons d'en décrire les composantes, d'après les paroles et les exemples de la jeune carmélite. Il va sans dire que, dans le concret, ces trois éléments constituent une seule attitude globale, vécue d'un bout à l'autre devant Dieu et en Dieu. Pour illustrer ce point, de première importance, recueillons encore quelques traits de la vie et de la pédagogie de Thérèse.

« Songeant aux peines, aux souffrances qui m'attendent, dit-elle, je me lève d'autant plus joyeuse et pleine de courage que je prévois plus d'occasions de témoigner mon amour à Jésus et de gagner la vie de mes enfants [2]. » Prise de conscience, puis acceptation sans réticences, enfin offrande, avec une intention apostolique qui élargit l'horizon et exorcise tout égoïsme : les trois constantes se retrouvent ici, souplement synthéti-

---

1. CJ 3. 7. 2, DE, p. 235.
2. HA, p. 222.

sées. Thérèse, comme Jeanne d'Arc, veut prendre tout à gré, et chaque matin son projet de vie tient en un mot : aimer.

A propos d'un incident de la vie communautaire, elle confie à Sœur Geneviève : « Je préfère être accusée injustement, parce que je n'ai rien à me reprocher, et j'offre cela au Bon Dieu avec joie ; *ensuite* je m'humilie à la pensée que je serais bien capable de faire ce dont on m'accuse [1]. » Ici le tout premier réflexe est celui de l'offrande. Soit par un geste spontané de sa foi, soit qu'elle se méfie de sa faiblesse, Thérèse bondit vers Dieu. Ensuite seulement elle revient sur elle-même, non pour se plaindre ou se défendre, mais pour replacer l'événement dont elle a été la victime sur la toile de fond de ses propres misères. Et c'est dans le même sens qu'elle conseille ses compagnes : « Réjouissez-vous donc de voir qu'en vous laissant sentir votre faiblesse, le bon Jésus vous ménage l'occasion de lui sauver un plus grand nombre d'âmes [2]. »

Pour inculquer à une sœur l'habitude de cet élan vers Dieu, Thérèse la laisse parfois entièrement à elle-même, l'amenant ainsi « à ne rien attendre du côté humain, à recourir au Bon Dieu, à voir ses torts, à s'humilier [3] » ; et la seule consolation qu'elle apporte alors est le rappel d'une nécessité impérieure : il faut se décentrer de soi-même, et tout axer sur Dieu même. Ainsi, lorsque Sœur Geneviève, démontée par les exigences d'une malade, vient trouver la maîtresse des novices, celle-ci l'encourage en la renvoyant au message du Christ : « Je comprends bien que cela vous coûte... Oh ! oui, j'aurais du bonheur si on m'avait demandé cela ! la nature, peut-être, l'aurait trouvé coûteux, mais il me semble que

---

1. CSG, p. 19.
2. HA, p. 234.
3. HA, p. 224.

j'aurais agi avec beaucoup d'amour, pensant à la parole de Notre-Seigneur : " J'étais malade et vous m'avez soulagé "[1]. »

Nous devons encore à Sœur Geneviève cette analyse de la méthode éducatrice de Thérèse : « Au lieu d'essayer de nous enlever nos combats en détruisant leur cause, elle nous les faisait regarder en face (...). Ainsi, par exemple, si j'allais lui dire : « Nous voilà au samedi et ma campagne d'emploi, chargée de remplir le coffre de bois cette semaine, n'a pas pensé à le faire, alors que j'y mets tant de soin lorsque c'est mon tour », elle essayait de me familiariser avec la chose même qui me jetait dans l'indignation. Sans chercher à faire disparaître le noir tableau que je traçais sous ses yeux, ni essayer de l'éclaircir, elle m'obligeait à le considérer de plus près et elle paraissait se mettre d'accord avec moi : « Eh bien ! admettons, je conviens que votre compagne a tous les torts que vous lui attribuez... » Elle agissait ainsi pour ne pas me rebuter et travaillait ensuite sur cette base. Petit à petit, elle arrivait à me faire aimer mon sort, à me faire même désirer que les sœurs me manquent d'égards et de prévenance, que mes compagnes remplissent imparfaitement leurs obédiences, que je sois grondée à leur place, accusée d'avoir mal fait ce dont je n'étais même pas chargée. Enfin, elle m'établissait dans les sentiments les plus parfaits. Puis, quand cette victoire était gagnée, elle me citait des exemples ignorés de vertu de la novice accusée par moi. Bientôt le ressentiment faisait place à l'admiration et je pensais que les autres étaient meilleures que moi.

« Mais, bien plus, si elle savait que le fameux coffre à bois avait été rempli par cette sœur depuis la visite que j'y avais faite, elle se gardait de me le dire, quoique

---

1. HA, p. 244.

cette révélation eût anéanti mon combat du premier coup. Suivant donc le plan que je viens de tracer, quand elle avait réussi à me mettre dans des dispositions parfaites, elle me disait simplement : Je sais que le coffre est rempli.

« Quelquefois, elle nous laissait la surprise d'une découverte analogue et profitait de la circonstance pour nous démontrer que bien souvent on se donne des combats pour des raisons qui n'en sont pas et sur de pures imaginations [1]. »

Mais le document le plus vigoureux et le plus émouvant que Thérèse nous ait laissé sur l'abandon est sans doute la lettre qu'elle adressa le 29 juin 1896 à Mère Marie de Gonzague, réélue prieure quelques mois plus tôt [2]. Elle nous y livre à la fois la théorie et la pratique de sa petite voie.

Il n'avait pas fallu moins de sept tours de scrutin pour cette élection, et l'on conçoit aisément le drame intérieur que vivait la prieure, désorientée par les tensions qu'elle devinait dans sa communauté. Thérèse attendit trois mois pour écrire. Mieux que toute autre elle mesurait le désarroi de la Mère, puisqu'elle avait reçu ses confidences. Pour l'aider, elle priait, voulant sans doute laisser à d'autres la joie d'une efficacité plus visible. Cependant le temps passe, et rien ne change. Thérèse sent alors qu'elle doit parler. Mais comment concilier le respect et la vérité, la fermeté et la sympathie ? Thérèse finit par trouver un moyen plein d'humour et de délicatesse : elle fera parler le Christ lui-même ! C'est lui qui va intervenir, c'est de lui seul que la prieure va recevoir les encouragements et les reproches. Pour cela Thérèse imagine une allégorie à trois person-

1. CSG, pp. 10s.
2. LT 190, 29/6/1896.

nages : le Bon Pasteur, une bergère : la prieure, qui se croit reniée par son troupeau, et enfin un agneau (Thérèse elle-même), qui se fait expliquer par le Pasteur le sens de l'épreuve réservée à la bergère.

Il s'agit d'amener la prieure à se rendre aux raisons du Christ. Bien que toute sa sensibilité soit à vif, il faut qu'elle parvienne à ne plus se cacher la vérité, et qu'elle assume des frustrations normales sans en faire retomber la responsabilité sur les autres. Et Thérèse développe sa propre argumentation par la voix du Pasteur : « Oui, je comprends... mais que ta Bergère se console ; c'est moi qui ai, non pas permis, mais *voulu* la grande épreuve qui la fait tant souffrir... Pourquoi ? c'est parce que j'*aime* ta Bergère ! Elle avait déjà beaucoup souffert pour moi (...), cependant il lui manquait l'*épreuve de choix* que je viens de lui envoyer. » Que la prieure n'aille pas penser que cette réélection difficile manifestait chez les sœurs une invasion de « l'esprit du monde » ou « des raisonnements terre à terre » : « Moi qui vois tout, je te le dis : le troupeau ne m'a servi que d'*instrument* pour accomplir mon œuvre de sanctification. » Le silence même que garde le Pasteur est destiné à hâter la conversion : « Si je lui parlais, son épreuve disparaîtrait... Mais je ne veux pas lui enlever son épreuve, je veux seulement qu'elle comprenne la vérité et qu'elle reconnaisse que sa croix lui vient du Ciel et non pas de la terre. » Et si la prieure s'étonne que la souffrance lui vienne de sœurs à qui elle s'était attachée, le Pasteur lui rappellera sa propre Passion : « Regarde ces plaies, ce sont celles que j'ai reçues *dans la maison de ceux qui m'aimaient* » (Za 13, 6).

Ainsi procède Thérèse : elle guérit le mal en le dévoilant. Elle dépiste les faux-fuyants et redresse les motivations ; puis, avec la même finesse et le même tact, elle amène cette moniale — de quarante ans son aînée

— à assumer son épreuve. Alors cette crise du cœur prend sens dans la vie de la prieure ; dans l'axe de la rédemption, ce blocage de l'affectivité se mue en une souffrance « aimée et reçue avec reconnaissance », qui rejoint l'oblation du Christ à son Père. La résignation ne suffisait pas : la prieure risquerait de se replier sur elle-même et de se crisper encore davantage. Ce qu'elle doit comprendre, c'est que le Christ « lui a enlevé les appuis humains pour remplir seul son cœur si aimant », et qu'à travers cette solitude grandissante de la responsable, il l'appelle à « s'attacher à lui seul ». Toute son espérance désormais doit reposer en Dieu : « Heureux celui qui met en moi son appui » (Ps 84, 6).

Avec une intuition spirituelle très sûre, Thérèse, dès le début de sa lettre, a su ramener sa prieure en pleine lumière évangélique. Au-delà des images pastorales, l'allégorie de Thérèse réussit un tour de force : d'emblée la religieuse qui souffre est renvoyée au Christ, reconduite au Christ, et c'est sous le regard du Christ Pasteur qu'elle va parcourir l'itinéraire de la confiance balisé par Thérèse. D'une moniale aigrie et découragée, l'abandon thérésien va faire une carmélite totalement disponible pour le Royaume.

Le secret de cette prudence et de cette sagacité de Thérèse, ne le cherchons pas ailleurs que dans sa pratique fidèle, héroïque souvent, du mouvement d'abandon qu'elle a résumée dans une formule maintenant bien connue : « La sainteté n'est pas dans telle ou telle pratique, elle consiste en une disposition du cœur qui nous rend humbles et petits entre les bras de Dieu, conscients de notre faiblesse et confiants jusqu'à l'audace en sa bonté de Père[1]. »

---

1. NV, cité en DE, *Annexes*, p. 235. Texte dont l'authenticité textuelle fait question.

V. AUTHENTICITÉ SPIRITUELLE DU MOUVEMENT D'ABANDON

Le mouvement d'abandon, qui permet en quelque sorte à Thérèse de respirer constamment l'air des Béatitudes, tranduit une intuition à la fois très simple et très saine, et le réalisme avec lequel Thérèse l'a vécu écarte d'emblée toute interprétation équivoque.

Tout d'abord, s'il est générateur de paix, ce mouvement d'envol ne peut se réduire à un procédé purement psychologique d'apaisement des conflits intérieurs. Par ailleurs, si la démarche proposée par Thérèse n'exige pas de profondes connaissances ou d'éminentes valeurs humaines, elle permet à tout homme de devenir le saint qu'il a vocation d'être. Il reste que l'entière remise de nous-même à Dieu ne saurait masquer une capitulation secrète devant la dureté de la vie. Loin d'équivaloir à une fuite devant les exigences concrètes, le mouvement d'abandon implique une totale prise de conscience des obstacles et une décision, souvent onéreuse, de s'en remettre filialement à Dieu pour les affronter. A ce prix seulement s'opère la refonte de l'agir humain en agir chrétien, l'Esprit devenant notre loi : « Oui, je veux qu'il s'empare de mes facultés, de telle sorte que je ne fasse plus d'actions humaines et personnelles, mais des actions toutes divines, inspirées et dirigées par l'Esprit d'amour [1]. » Plus souvent Thérèse redira cette même réalité au moyen de son expression favorite : vivre uniquement « dans les bras du Bon Dieu » [2].

Ainsi l'abandon de Thérèse, même s'il parvient à transfigurer toute épreuve, n'a rien de commun avec la

1. HA, p. 236.
2. Ms A 84 r°. Ms C 3 r°-22 r°-22 v°-23 r°-34 v°-36 v°.

facilité. Nous ne pouvons nous livrer vraiment à Dieu sans nous détacher activement de toute recherche égoïste. Par ailleurs, cette voie d'enfance spirituelle n'est pas recherchée pour adoucir la souffrance, mais pour la vivre de manière positive et rédemptrice. Tout au long de son existence, Thérèse a su faire bon visage à la souffrance sans se payer de mots, simplement « pour faire plaisir au Bon Dieu[1] ». Elle se demandait même comment elle pourrait se tenir au ciel sans souffrir, tellement son abandon filial vivifiait en elle l'esprit de sacrifice.

C'est donc un renoncement continuel et obscur que Thérèse demande ; et souvent il porte sur ce qui tient le plus à cœur. S'agit-il de soucis et de préoccupations ? Il faut renoncer à toute fébrilité et à nous étourdir dans l'action. S'agit-il de pensées inutiles ? Mieux vaut revenir doucement à la prière. Une tendance incontrôlée veut-elle se satisfaire ? Il faut dire à Dieu un oui qui triomphe de toutes les lâchetés. Si nous nous sentons déprimé à cause d'une faute ou de notre état de pécheur, il faut nous apaiser et attendre tout de la miséricorde de Dieu. Enfin, devant nos limites ou nos impuissances, il faut accepter humblement de ne pouvoir nous changer d'un seul coup, et se livrer à l'Amour pour être consumé. Pour renouveler à longueur de journée ce détachement libérateur, la simple bonne volonté ne suffirait pas : il faut bien du courage pour ne pas se battre quand il serait plus naturel d'affronter le danger en face. Pourtant, telle est la manière de Thérèse pour prouver son amour à Jésus, car « aimer c'est tout donner et se donner soi-même ». Cela aussi requiert une grande force d'âme.

---

1. CSG, p. 57. Voir particulièrement durant sa dernière maladie (*Derniers Entretiens*).

Sous prétexte d'abandon, il ne peut être non plus question de se replier sur soi-même et de laisser fermenter en soi des déceptions et des rancœurs inavouées. Devant un handicap ou une tentation tenace, il ne servirait à rien de se cacher la tête dans le sable : ce n'est pas en niant la réalité qu'on supprimera l'obstacle. Une telle attitude d'ailleurs ne saurait durer bien longtemps ; tôt ou tard on retrouverait, barrant la route, le bloc durci des tendances coalisées. Aussi Thérèse dissuade-t-elle ses sœurs de brûler les étapes : il faut assumer patiemment, une à une, les difficultés, sous peine de les voir s'accumuler. Thérèse, qui regarde en face les épreuves pour les confier plus sûrement à Dieu, nous ramène à l'humilité des convertis. Elle ne cherche pas à nier ses limites, mais elle en fait le tremplin de sa confiance.

L'abandon à la manière de Thérèse non seulement écarte toute tentation de nous évader du réel, mais nous ramène sans cesse au dialogue avec Dieu lorsque nous aurions envie de le fuir. Assez souvent, alourdis par les lâchetés journalières, nous manquons de générosité pour rejoindre Dieu dans la prière, ou nous laisser rejoindre par lui. Si nous restions un instant devant lui en attente paisible, notre être profond affleurerait peu à peu à sa lumière ; mais le regard de Dieu nous pèserait alors encore plus que le fardeau de notre pauvreté, et c'est pourquoi nous cherchons à l'éviter. Trop craintifs pour nous livrer totalement au Père, trop fiers pour accepter loyalement un tête-à-tête qui nous gêne, nous nous réfugions dans une activité absorbante, intellectuelle ou autre, indispensable ou non, qui distrait de Dieu notre regard intérieur, tout en nous laissant l'alibi d'œuvrer pour sa gloire. Or ce n'est pas Dieu qu'il faut quitter, mais nous-même qu'il faut libérer de toute adhérence captive aux choses et aux événements.

Thérèse ne se faisait pas faute de le rappeler : « Vous devez vous exiler... de votre besogne personnelle, y employer consciencieusement le temps prescrit, mais avec dégagement de cœur. J'ai lu autrefois que les Israélites bâtirent les murs de Jérusalem travaillant d'une main et tenant une épée de l'autre. C'est bien l'image de ce que nous devons faire [1]. »

Par ailleurs, le mouvement d'abandon, s'il est vraiment théologal, ne sera jamais une manière déguisée de se retrouver soi-même en dérivant subtilement sur Dieu des désirs, des besoins ou des appels qui demeureraient foncièrement égoïstes. Certains croient ainsi tendre vers Dieu, qui, à la vérité, ne se sont jamais quittés du regard. Rien ne se clarifie ni ne se purifie en eux. Maintes fois Thérèse, éducatrice, a démasqué cet égocentrisme chez les sœurs de son noviciat, ou les a réveillées d'un narcisissime qu'elles entretenaient sous de beaux prétextes. Pas d'illusions : la sainteté rêvée n'est pas la sainteté réelle : « Je ne méprise pas les pensées profondes qui nourrissent l'âme et l'unissent à Dieu, mais il y a longtemps que j'ai compris qu'il ne faut pas s'appuyer sur elles et faire consister la perfection à recevoir beaucoup de lumières. Les plus belles pensées ne sont rien sans les œuvres [2]. » La maîtresse des novices décape tous les vernis pour retrouver le bois brut d'une existence vraiment évangélique. Les compensations plus ou moins conscientes, les retours plus ou moins camouflés sur le « moi », l'indolence qui perpétue les malaises ou s'y complaît, les mille ruses que l'on peut trouver pour se faire plaindre ou se prendre en pitié, tout cela ne s'harmonise pas avec l'enfance spirituelle ; car, dès le départ, celle-ci exige une confrontation loyale avec

---

1. CSG, p. 74.
2. Ms C, 19 v°.

nous-même et avec les difficultés, qui ne sont pas tant à vaincre qu'à assumer dans l'amour, ni tant à nier qu'à offrir à Dieu. Plus l'abandon devient filial et spontané, mieux on perçoit en tout événement la volonté du Père et l'appel du Christ sauveur. L'abandon thérésien se présente ainsi en même temps comme un regard et comme une marche ; et c'est pourquoi il traduit si bien la réalité évangélique de la foi.

Thérèse a très vite pressenti que son message pourrait être utile « à un grand nombre de petites âmes », traduisons : à beaucoup de chrétiens de bonne volonté, que d'autres voies pourraient rebuter. De fait, ses conseils demeurent transposables en toute situation, parce qu'ils sont enracinés dans le quotidien. Elle a pu vérifier la valeur de sa « petite voie » d'abord chez les sœurs de son monastère, qui l'ont amenée à préciser sa pensée. Mais on la voit proposer ce même chemin de l'abandon à un séminariste, à un missionnaire en Chine et à sa sœur Léonie, revenue dans le monde après plusieurs essais de vie religieuse. Thérèse parvient à les stimuler et à les encourager parce que sa doctrine spirituelle, tout en réaffirmant les ambitions de Dieu pour ses fils et en mobilisant la générosité des croyants, respecte les données concrètes de chaque existence.

A écouter la maîtresse des novices donner des conseils si vigoureux et même si enthousiastes, nous oublierions facilement sa jeunesse et sa maladie, la rigueur de l'ascèse dans son monastère, les minuties et les sujétions qui étaient monnaie courante dans la vie religieuse en cette fin du XIXe siècle. Thérèse, elle, ne les oublie pas, mais jamais elle ne s'y embourbe. La grisaille des journées devient pour elle et ses novices un appel à un surcroît d'amour ; les embarras quotidiens ne la détournent pas de son dessein initial : aimer Jésus et le faire aimer ; au contraire tout lui devient moyen pour s'élancer vers Dieu. Pour elle, la sainteté se vit en habits de tous les jours.

Si l'abandon tient une telle place dans sa pédagogie, c'est qu'il est resté, jusqu'au bout, l'axe de son propre cheminement spirituel. C'est l'abandon qui fait aboutir son audacieux projet de faire agir Dieu en elle et permet à sa pauvreté de trouver un langage filial. C'est l'abandon qui ouvre Thérèse à la lumière que Dieu lui apporte ; et c'est grâce à l'abandon que, répondant aux prévenances du Père « qui nous a aimés le premier », elle en vient à s'offrir à l'Amour miséricordieux. Vivre comme un enfant pauvre, démuni, vulnérable, mais certain d'être aimé par un Père : voilà le seul projet de Thérèse, et le mouvement d'abandon n'est que la mise en œuvre de ce dessein évangélique. Parce que Dieu, qui l'appelle, veut être lui-même sa vérité, sa richesse et sa joie, Thérèse a compris qu'il s'agit moins de donner que de recevoir, moins de se démener que de se livrer à l'Esprit qui fait toutes choses nouvelles.

En choisissant de se soumettre à une telle pauvreté spirituelle, elle a pu libérer les immenses aspirations de son cœur, ses « désirs infinis ». Elle veut prendre « Jésus par le cœur » ; elle a tant de grâces à obtenir qu'elle doit se servir du moyen le plus efficace, du levier le plus puissant : l'Amour, qui s'exprime dans l'abandon. Et ce retour incessant à Dieu ranime et relance son amour fraternel. Si elle demeure aimable et souriante jusque sur son lit d'infirmerie, c'est que « l'amour vient de Dieu [1] », et l'abandon la reliant à la Source inépuisable la rend elle-même source inépuisable pour le service de ses sœurs. Et plus elle comprend l'amour du Père, plus elle s'ouvre à l'horizon universel de la Rédemption. Sa communauté, c'est l'Eglise. Quand elle se dévoue et

---

1. 1 Jn 4,7.

sème la joie dans son cloître, c'est en pensant aux foules qui attendent le salut, aux tâches disproportionnées qui incombent à l'Eglise, et aux souffrances des missionnaires lointains. Elle sait, par la foi, qu'elle peut faire beaucoup rien qu'en aimant beaucoup, et elle envisage sereinement la mort en songeant que la gloire, auprès de Dieu, loin de la contraindre à l'inaction, l'associera plus étroitement que jamais à l'action du Christ pour l'avènement du Règne.

Tel est le mouvement d'abandon, qui résume la pensée et la vie de Thérèse Martin, son style de sainteté et toutes ses aspirations apostoliques. Monnayant, au jour le jour, l'acte d'offrande, il recouvre comme lui tous les instants et tous les aspects de l'existence chrétienne. Il n'est aucune tâche, aucune disposition qui ne puisse être remise à Dieu ; il n'est aucune joie, aucune souffrance, aucun état psychologique que le croyant ne puisse assumer en les lui confiant. Tel est l'enseignement fécond dispensé par Thérèse avec un tact merveilleux. Si nous voulons en connaître le fruit, acceptons simplement d'être des pauvres, mais vivant en fils dans les bras du Père, lui remettant tout, même ce que nous traînons avec nous de plus pesant ou de plus négatif. Alors, comme Thérèse, blottis « dans les bras du bon Dieu [1] », nous pourrons affronter les orages sans crainte, sûrs que le Père nous donnera à « chaque instant » ce dont nous aurons besoin. Au creux de notre vie, dans l'expérience de notre pauvreté radicale, nous serons livrés aux victoires de l'Amour miséricordieux. « Devant lui, en effet, nous pouvons apaiser notre cœur, si notre cœur vient à nous condamner, car Dieu est plus grand que notre cœur [2]. »

---

1. Ms C, 22 r°.
2. 1 Jn 3,20.

Chapitre VIII

LE CŒUR DE L'ÉGLISE

Nous avons essayé de suivre Thérèse dans la découverte qu'elle fit progressivement de l'enfance évangélique, et l'enseignement qu'elle en donna à ses novices au fil des jours et des circonstances.

Les pages suivantes voudraient montrer comment cette « petite voie » qui déjà l'avait menée au parfait abandon, perfection de l'Amour, l'installa en même temps au cœur même de l'Eglise.

Thérèse qui, dès son jeune âge, voulut devenir une grande sainte et entraîner à sa suite le plus grand nombre possible, croyait à la réalité de l'appel du Seigneur à tous les hommes : « Soyez parfaits comme votre Père céleste est parfait [1]. » Les soucis, la richesse et les plaisirs de la vie peuvent étouffer la parole du Sauveur, mais celle-ci ne passera pas [2]. A ceux « qui ont été une fois éclairés, qui ont goûté le don céleste, qui ont eu part au Saint-Esprit, qui ont goûté la belle parole de Dieu et les merveilles du monde à venir [3] », il devient impossible d'échapper à la soif de l'eau vive, et de mépriser, pour des réalisations éphémères, les réalités qui ne passent pas. Ayant douloureusement ressenti le

1. Mt 5, 48.
2. Cf. Mt 24, 35.
3. He 6, 4-5.

vide de notre univers où le désespoir affronte les progrès de la technique, et sondant chaque jour leur propre fond de péché, beaucoup de chrétiens de notre temps ont mieux compris que Dieu seul peut opérer le salut, fût-ce par les moyens humains les plus déconcertants, et ils ont pressenti la part personnelle qui leur revient dans l'œuvre de libération poursuivie par l'Eglise, pour renouer les liens de la matière et de l'esprit, de la créature aimée à l'Amour créateur. Plus que jamais la parole est aux vrais amis de Dieu ; car il s'agit de rendre Dieu au monde et le monde à Dieu, et seuls sont habilités à le faire ceux qui ont identifié leur existence à celle du Christ Médiateur, ceux qui ont le cœur assez vaste et assez droit pour accueillir Dieu sans décevoir les hommes, et pour assumer tout l'humain sans trahir Dieu.

Dès qu'il veut vivre et travailler en profondeur, le chrétien se trouve donc convié à rectifier son optique trop limitée à se mouvoir dans le plan de Dieu et en fonction de Lui. Et c'est providentiellement que la « petite voie » nous livre une attitude spirituelle capable d'incarner dans notre durée concrète cette tension vers Dieu. Synthétisant dans un mouvement unique des aspirations dont la diversité souvent nous déchire, Thérèse nous ouvre la route : il faut se faire un cœur théologal et vivre l'Evangile dans le cœur de l'Eglise.

I. LE CŒUR THÉOLOGAL

Le cœur théologal, premier fruit de l'abandon, est *une manière divine de voir, de vouloir et de réagir :* « Celui qui s'unit au Seigneur est un seul esprit avec Lui[1]. »

1. 1 Co 6, 17.

C'est une manière divine de *voir,* car elle s'appuie sur la foi. Tout vient de Dieu, et nous n'avons vie en Lui qu'en raison de notre dépendance volontaire : « Car il a regardé la bassesse de sa servante[1]... » Il suffit qu'une fois Dieu et son Christ se soient imposés comme l'unique valeur, pour que la vie, le temps, l'épreuve, et les douleurs de l'Eglise même prennent tout leur sens, qui est celui de l'amour. On voit alors le monde et soi-même dans la relation permanente et intime où ils se trouvent par rapport à Celui qu'il est le seul Très-Haut. A la mesure de l'accueil qu'il trouve en l'âme, le Père libère sa bonté, car « Dieu est lumière, et il ny a pas en Lui de ténèbres[2] » ; ce sont les nôtres que nous projetons sur Lui. Dès qu'on *s'appuie* sur Dieu seul — ce qui est le propre de la foi au sens biblique du terme — dès qu'Il devient tout, le moyen et la fin, on participe à son Etre et à sa paix, et tout de suite s'inaugure, par Jésus et en Jésus, le mystère d'un cœur d'homme envahi par Dieu et peu à peu transformé en plus grand que lui-même, « déifié[3] ».

« Celui qui m'aime sera aimé de mon Père, et moi je l'aimerai et je me manifesterai à lui[4]. »

Alors, chaque jour l'homme cherche, par le mouvement d'abandon, à s'enraciner dans une adhésion de foi, courageuse et attentive, jusqu'à s'éprendre même du mystère des choses divines, qui l'éclaire et le guide mieux que toutes les lumières humaines. Seigneur, peut-il dire, je ne sais plus, mais Vous savez pour moi ; je ne vois plus, mais Vous voyez pour moi : je n'aime plus, mais Vous aimez en moi.

Cette manière de voir en Dieu toute la vie condi-

---

1. Lc 1, 48.
2. 1 Jn 1, 5.
3. LT 85, 12/3/1889.
4. Jn 14, 2.

tionne notre *vouloir* et toutes nos forces vives. Quand la souffrance survient, mystérieuse pédagogie divine, une certitude dynamique grandit en nous, c'est qu'au-delà de ce monde du témoignage, Jésus nous attend dans une autre vie où il dira : « Maintenant, mon tour [1]. » « Oui, dit Thérèse, le Seigneur fera pour nous des merveilles qui surpasseront infiniment nos immenses désirs [2]. » « Il m'a toujours fait désirer ce qu'il voulait me donner [3]. » Rien n'est impossible à ceux qui ne sont pas « sans espérance [4] ». Le Christ nous l'a dit : le cœur d'un Père est toujours remué par la confiance de son enfant ; mais sans doute n'osons-nous pas vivre de la révélation évangélique. Le grand péché du monde semble bien être la peur de Dieu ; et si nous croyions réellement à son amour, nous nous étonnerions moins de sa puissance. N'espérer que Dieu, pour soi et pour l'Eglise, attendre tout de lui et avant tout lui-même : le bonheur est à cette condition. Mais l'homme demeure prisonnier d'un besoin égoïste de tout ramener à sa mesure, même et surtout les dons de Dieu ; et le Père se trouve lié par nos prétentions. Nous avons tendance à ne prendre à cœur que ce qui passe par nos mains : mais Dieu est le Tout Autre, Celui qu'on ne comprend pas...

Le Christ est Vérité pour notre foi, il est Route pour notre espérance, mais aussi Vie pour notre *amour*. Nous sommes facilement convaincus que l'amour est à la base et au terme de la perfection, mais trop souvent nous oublions qu'il en est l'instrument : l'héroïsme de Dieu est venu nous le rappeler. Non seulement nous serons jugés sur l'amour, mais déjà présentement l'amour en acte dans les plus petites choses nous range parmi les

---

1. LT 107, 19-20/5/1890.
2. LT 230, 28/5/1897.
3. LT 230, 28/5/1897.
4. LT 258, 18/7/1897.

amis de Jésus : « Vous êtes mes amis, si vous faites ce que je vous commande... Ce que je vous commande, c'est de vous aimer les uns les autres [1]. » La neutralité bienveillante ne suffit plus devant le don de Dieu : « Celui qui n'amasse pas avec moi disperse [2]. » Il y a en effet une contrainte de l'amour qui est la plus douce des libertés : si l'on aime Dieu, *il faut marcher* en sa présence. Mais l'acte d'abandon, en nous coulant pour ainsi dire dans la volonté de Dieu ôte toute amertume à cette nécessité de l'exode intime.

« C'est l'amour seul qui compte [3] », tout est dit en effet, puisqu'il est le seul ferment de l'existence, surtout selon sa nuance si mariale et thérésienne : la fidélité. La fidélité, c'est l'amour qui dure, c'est la trace de l'amour dans le temps des hommes. Aussi le Verbe incarné n'envisageait-il pas d'aimer autrement le Père : « Je fais toujours ce qui lui plaît [4]. » Ce que le Christ exprimait en chacun de ses actes avec l'infini de sa divinité et qu'il nous a laissé comme testament spirituel, il nous faut le redire péniblement, dans le mystère, au long de notre vie ; car pour traduire l'absolu nous n'avons d'autre ressource que d'y engager tout notre temps. Il faut vouloir Dieu, parce qu'Il est Dieu, d'un amour intime, exclusif et totalement gratuit, gardant en tout une orientation de l'âme vers Lui seul. Et inséparablement, avec la délicatesse d'une Thérèse, il faut aimer jusqu'au plus petit d'entre les Siens, d'avance, a priori, communiant à l'Amour créateur qui rend aimable ce qu'il aime, et ne cherche rien en l'aimé sinon la possibilité de se donner lui-même.

---

1. Jn 15, 14-17.
2. Lc 11, 23.
3. NV 29.9.6, DE, *Annexes*, p. 408.
4. Jn 8, 29.

Foi, attente, amour, tout converge vers ce creux pacifié de notre être que constitue le cœur théologal. Toutes nos puissances y sont comme ressaisies par l'Esprit Saint, qui nous ramène à une sorte d'attention douce et forte à la présence active du Père, à un commerce intime et chaleureux avec son Christ. Telle est l'expression la plus totale et toujours possible de notre activité surnaturelle.

Certes, l'abandon reste une lutte virile : le fait d'avoir trouvé Dieu ne nous dispensera jamais de nous changer nous-même, car on n'approche pas de sa sainteté sans découvrir de plus radicales exigences. Dieu est le seul Saint, et donc le seul qui sanctifie. Quand Il œuvre en nous, c'est toujours avec ses moyens et selon ses pensées « qui ne sont pas les nôtres [1] ». En nous abandonnant à Lui, nous n'échappons pas à la condition de voyageur ni aux paradoxes douloureux du chrétien. Si l'amour a crucifié le Seigneur, nous étonnerons-nous qu'il nous écartèle ? Les choses ne changent pas vis-à-vis de nous, c'est nous qui, dans la foi, changeons vis-à-vis d'elles, et les abordons de l'intérieur, dans le regard de Dieu, dans son vouloir. Sainte Thérèse ne nous a pas apporté un nouvel ordre de sainteté, où la gentillesse remplacerait l'héroïsme, mais un écho de la révélation : il n'y a pas de Père sans enfants ; si Dieu est amour nous sommes aimés. Il s'agit simplement de n'être pas en reste.

Précisément, la grande souffrance de l'abandon, c'est de consentir au don de Dieu, et la plus grande joie que nous pouvons faire au Seigneur consiste à lui tendre la main pour qu'Il donne. Dans la ligne théologale, l'homme voit ses valeurs positives changer de sens : donner c'est recevoir. D'ailleurs, si nous pouvons présentement marcher vers la possession de Dieu, c'est que

---

1. Cf. Is 55, 8-9.

Dieu d'abord est venu à nous par son Fils, et « qu'Il nous a aimés le premier[1] ». Nos élans les plus nobles ne seront toujours qu'une réponse, et c'est là que s'enracine la Béatitude des pauvres en esprit. Certes la grâce divine, loin de supprimer notre nature, la parachève, et Dieu respecte trop notre liberté de créature aimante pour ignorer notre consentement; mais s'Il avance à notre pas, Il garde l'initiative. La foi, qui est acquiescement de l'homme, est aussi lumière de Dieu; l'espérance, qui est confiance humaine, est d'abord prévenance divine; et la charité, avant d'être notre geste, est mouvement de l'Esprit. La force de Dieu s'empare ainsi de la fragilité humaine. Toutes les grandes missions prophétiques de l'ancienne comme de la nouvelle alliance ont connu à leur aurore cette nécessaire démission de l'humain égoïste, qui libère la toute-puissance de Dieu. Et c'est seulement dans cette lumière de la transcendance divine que l'on peut comprendre la soif d'humilité qui saisit toutes les existences vraiment théologales. « Le propre de l'amour, c'est de s'abaisser[2] », et d'obéir, jusqu'à la mort inclusivement; et Jésus a voulu vivre dans les jours de sa chair la pauvreté et la déréliction, au sein d'une joie royale, « afin que nous aussi nous fassions de même[3] ». Quand Thérèse se dit petite, ce n'est pas par complaisance puérile, mais par une vue objective de sa relation avec Dieu : s'Il est tout, elle n'est rien sans Lui, cependant elle peut tout avec sa grâce; plus tu seras pauvre, plus Jésus t'aimera...

C'est le chemin des sommets, celui qui fait les véritables chrétiens, qui nous oblige à monter vers le bonheur avec une force qui n'est pas la nôtre, par ce

1. 1 Jn 4, 19.
2. Ms A, 2 v°.
3. Jn 13, 15.

raccourci théologal, si adapté à notre faiblesse et par là si humain, où Thérèse a découvert le visage d'amour des exigences de Dieu.

Par ailleurs le retentissement du mouvement d'abandon est si profond dans notre être psychologique tout entier qu'on est forcé d'admirer la puissance de l'Esprit Saint, nous livrant sous les mots sans apprêt de Thérèse une synthèse à la fois si humaine et si doctrinale.

Tout d'abord, un cœur théologal est source en l'homme d'une grande libération. « La vérité vous libérera [1]. » Libération de tous les sentiments négatifs, de doute, d'amertume ou de désespoir, qui empoisonnent notre vie. Libération de la peur qui paralyse nos efforts les plus généreux et ronge toute paix. Nous le savons : « Il n'y a plus de condamnation pour ceux qui sont dans le Christ Jésus [2]. » Car « il est venu annoncer la paix à ceux qui étaient loin et la paix à ceux qui étaient proches [3] » et « par Lui nous avons accès les uns et les autres auprès du Père, dans un seul et même Esprit [4] ». « L'amour parfait bannit la crainte [5] » : le message de Thérèse est le commentaire logique de ces mots du Disciple. « Je ne comprends pas les âmes qui ont peur d'un si tendre Ami [6]. » « Ah ! le Seigneur est si bon pour moi qu'il m'est impossible de le craindre [7]. » La logique de l'amour paraît dure. Elle nous libère pourtant des étroitesses et des avarices : un enfant ne possède rien et se soucie fort peu de ses droits à défendre : il mendie l'affection, et il a le bonheur de trouver cela naturel. Ainsi le cœur théologal ignore ce

1. Jn 8. 32.
2. Rm 8, 1.
3. Is 57, 19. Ep 2, 17.
4. Ep 2, 18.
5. 1 Jn 4, 18.
6. LT 226. 9/5/1897.
7. Ms C, 31 r°.

que c'est que de faire des réserves : la confiance lui suffit et suffit à tout ; sa disponibilité totale pour l'unique « office d'amour [1] » le délivre même des contraintes du temps, selon le désir explicite du Seigneur dans sa Prière du *Pater* [2] où, après l'envol en Dieu, pur et gratuit : « Père que ton nom soit sanctifié, que ton règne arrive », Jésus nous ôte successivement le joug du présent : « donne-nous *chaque jour* notre pain », le dégoût de notre passé : « remets-nous nos péchés », et la hantise de l'avenir, dont sa grâce triomphera : « et ne nous induis pas en tentation ». L'homme, sans s'abstraire du monde, a maintenant le cœur assez large pour y vivre l'éternel.

Alors se produit, au sein même de cette intimité divine, une étonnante assomption des facultés naturelles : l'être possédé par l'Esprit de Jésus accède à la plénitude de l'existence. Son intelligence, sa volonté, sa puissance d'imagination ne se portent plus à l'action que son l'influence de la grâce, se voient par là même dilatées, spiritualisées, allégées de tout ce qui les limite ou les embarrasse. Cette élévation, cette transfiguration de la personnalité sont une conséquence normale, mais gratuite, de l'union au Christ, et elles sont d'autant plus largement concédées qu'on ne les a jamais eues directement en vue, puisqu'elle renonçait à tout uniquement pour un motif d'amour. Même ainsi transformé d'ailleurs, le cœur n'a le plus souvent pas conscience du changement opéré en lui par le contact divin. En général les autres seuls jouissent de sa plénitude humaine et surnaturelle, tandis qu'il continue de vivre dans un complet oubli de soi. C'est de la vie divine qu'il a conscience, comme aussi

---

1. Ms B, 5, r°.
2. Lc 11, 3-5.

de la totale dépendance où elle se trouve par rapport à Dieu.

Affinés par sa présence cachée, nous parvenons à une féconde connaissance de nous-mêmes, et les limites de notre être, contre lesquelles bute parfois douloureusement la pensée moderne, au lieu de nous raidir dans la révolte, nous ramènent à un sain réalisme où l'espérance vient combler les vides de l'homme. Nous découvrons l'ampleur du mystère pascal de mort et de vie où le Seigneur nous a plongés, et dans le même regard, le sens profond de l'histoire humaine. Parce que nous nous sommes enfin situés vis-à-vis de Dieu, le monde et le temps retrouvent en nous leur harmonie secrète ; notre propre existence, si décevante soit-elle, prend une valeur déjà céleste, dès lors que le Christ lui-même se charge de la sanctifier.

C'est dire la prodigieuse unité qui s'instaure dans un cœur théologal, participant en Jésus à la simplicité de Dieu. « Demeurez dans mon amour[1] »... Ce commandement du Seigneur où nous sentons un appel d'une infinie douceur et l'offre d'une intimité inouïe, nous semble, hélas ! souvent bien lointain, parfois même inhumain. Comment demeurer en Lui, alors que la vie nous meurtrit, nous disloque, nous arrache à nous-même, que la fatigue et la honte nous replient sur un horizon de grisaille ? Un seul moyen : Jésus, et Jésus seul. Ce n'est pas une technique, c'est une Personne ; l'abandon non plus n'est pas une technique, si chrétienne qu'on la suppose, car une technique est toujours un harpon jeté sur les choses ; or on ne peut capturer Dieu, ni l'Homme-Dieu ; on ne peut voir que des bras ouverts et s'y jeter. Et c'est déjà si grand et mystérieux ! Ne voir et n'espérer que Dieu et en Dieu, ne vouloir que

---

1. Jn 15, 9.

Lui et toutes choses pour Lui : toute la vie dans le Christ est là.

Thérèse a senti au fond d'elle-même cette aspiration à l'unité en Dieu qui fait la noblesse des hommes ; mais elle n'a pas attendu cette unité d'une évasion hors de ses conditions de vie ni d'un combat surhumain : elle ne s'est pas brisée, elle s'est donnée.

« ... Afin de vivre dans *un acte* de parfait amour, je m'offre comme victime d'holocauste à votre amour miséricordieux... je sens mon impuissance, et je vous demande, ô mon Dieu, d'être vous-même ma Sainteté[1]. »

A sa suite, par un acte d'abandon, substantiellement le même, mais répété en toute occasion comme un réflexe d'amour, tout être peut rejoindre le présent éternel où Dieu le voit, l'aime et l'attend. Chaque instant devient alors une rencontre et peu à peu, dans la force et la douceur de l'Esprit, les actes d'amour tendent à devenir un état qui recevra au ciel le sceau de la gloire :

« Je vois ce que j'ai cru, je possède ce que j'ai espéré, je suis unie à Celui que j'ai aimé de toute ma puissance d'aimer[2]. »

Telles sont les courbes maîtresses de la vie théologale dans sa version thérésienne, où le dynamisme de la grâce vient saisir dans sa pauvreté une personne allégée par l'abandon. Le monde moderne avait besoin de ce message, Dieu se réservait de rallumer l'espoir des milliers d'hommes à cette petite flamme du Carmel.

---

1. Acte d'Offrande.
2. LT 245, juin 1897.

II. LE CŒUR ÉVANGÉLIQUE

Le rayonnement universel du message de sainte Thérèse vient en grande partie de ce qu'il apporte la sève de l'Évangile. Ce que l'on retrouve sous les mots de la sainte, c'est ce climat de confiance et d'humilité où le Seigneur voulait voir s'épanouir ses disciples, et hors duquel l'enfance spirituelle est impensable.

Il faut se rendre à l'évidence : le Christ lui-même a imposé l'esprit d'enfance à ses disciples, quasi solennellement, comme une condition absolue à l'œuvre de sanctification. Bien souvent Il affirme cette nécessité, et toujours pour faire pièce à l'orgueil : « En vérité je vous le dis, si vous ne changez pas, et si vous ne devenez pas comme les petits enfants, *vous n'entrerez pas* dans le royaume des cieux [1]. »

Au cours d'une tournée apostolique en Galilée, Jésus avait attristé ses disciples en leur prédisant pour la deuxième fois ses souffrances... « Mais eux ne comprenaient pas cette parole et elle était voilée pour eux [2]... » ; à des révélations aussi tragiques ils faisaient diversion par leurs soucis mesquins. « Et ils vinrent à Capharnaüm. Quand ils furent dans la maison, il les interrogeait : « Sur quoi discutiez-vous en route ? » Mais ils gardaient le silence, car sur la route ils avaient discuté pour savoir qui était le plus grand [3]. » C'était là toute « la préoccupation de leur cœur [4] » ; des rêves d'ambitieux, au lieu de la réalité de la Croix : devant l'agonisant ils partageaient l'héritage ! Jésus ne répond rien ; il s'assied, appelle les Douze ; puis il attire un

---

1. Mt 18, 3.
2. Lc 90, 48.
3. Mc 9, 34.
4. Lc 9, 47.

enfant, le place auprès de Lui ; un petit, intimidé sans doute au milieu de tous ces hommes, et trop surpris pour être fier. Et Jésus l'embrasse. Qui est le plus grand ? C'est le plus petit. Qui est le premier ? Le dernier de tous, le serviteur de tous. D'un revers de main Jésus balaye toutes nos fausses grandeurs ; c'est l'enfant, sans importance, qui devient le modèle. Dieu choisit ce qui n'est pas pour confondre ce qui est.

Notons que de l'enfance Jésus semble ne retenir qu'une chose : l'humilité : « Celui qui se fera *humble* comme cet enfant, c'est celui-là qui est le plus grand dans le royaume des cieux [1]. » Humilité de l'enfant, qui est acceptation spontanée de sa condition, de sa dépendance totale et continuelle vis-à-vis des autres. Le Seigneur sait fort bien qu'Il a affaire à des hommes : « Si vous ne *changez* [2] », dit-il, ce qui suppose qu'Il les prend où ils en sont, avec leurs poids d'années et d'égoïsme. Il ne s'agit pas d'un attendrissement poétique, mais d'un retournement complet des perspectives spirituelles : *devenir,* jour après jour, en se perdant soi-même, *comme* les petits enfants.

Les mères connaissaient bien la prédilection du Seigneur pour les petits ; et Lui de son côté se prêtait de bonne grâce à leurs demandes : « On lui amenait même les petits enfants pour qu'Il les touchât [3], leur imposât les mains et priât pour eux [4]. » Les Douze, rabroués une première fois devant un enfant, « réprimandaient ceux qui les amenaient », comme si, en les écartant, ils pouvaient éluder les exigences du Christ dont ces petits étaient la vivante parabole... « Mais Jésus, voyant cela, se fâcha. Il leur dit : Laissez les enfants venir à moi, ne

1. Mt 18, 4.
2. Mt 18, 3.
3. Lc 18, 15.
4. Mt 19, 13.

les en empêchez pas, car le Royaume de Dieu est à ceux qui leur ressemblent[1]. »

Et il complète sa leçon : « En vérité, je vous le dis, celui qui ne recevra pas le règne de Dieu comme un enfant n'y entrera pas[2]. » Voilà en quoi consiste l'humilité des enfants : ils acceptent de recevoir. Eux au moins connaissent le don de Dieu et s'abandonnent sans calcul à l'amour qui vient les prendre.

Nous restons, avec les évangiles synoptiques, sur cette affirmation presque brutale, aussi gênés sans doute que les disciples ; car ce qui bouscule notre suffisance nous paraît toujours déraisonnable. Mais l'entretien avec Nicodème, rapporté par saint Jean, achève de nous fixer sur les intentions de Jésus, en nous forçant à le suivre sur le plan surnaturel où s'éclairent toutes ses paroles. Le contexte psychologique est identique ; c'est encore l'homme, conscient de sa valeur, qui se cabre devant une exigence paradoxale du Christ. « En vérité, en vérité, je te le dis, nul, s'il ne naît d'en haut, ne peut voir le Royaume de Dieu[3]. » « Comment un homme peut-il naître, étant vieux ? lui dit Nicodème ; peut-il entrer une seconde fois dans le sein de sa mère et renaître[4] ? »

Voilà bien l'objection majeure à l'enfance spirituelle : pourquoi plaquer sur un adulte des réflexions d'enfants ? Et le vieux docteur la soulève avec quelque humeur : on ne naît qu'une fois !

« En vérité, en vérité, je te le dis, répond Jésus, nul, s'il ne naît de l'eau et de l'Esprit, ne peut entrer dans le Royaume des Cieux[5]. »

1. Mc 10, 14.
2. Mc 10, 15.
3. Jn 3, 3.
4. Jn 3, 4.
5. Jn 3, 5.

L'enfance spirituelle tient dans ces phrases sereines de Jésus. De même que nous ne pouvons entrer dans le Royaume sans renaître de l'eau et de l'Esprit, il nous faudra aussi croître dans l'amour à partir de cette nouvelle naissance. A la naissance d'en haut répond l'enfance dans l'Esprit. Cependant — et c'est là l'apport essentiel de ce nouveau texte — ni l'une ni l'autre ne s'arrêtent à l'image charnelle, toujours indigente. « Ce qui est né de la chair est chair, et ce qui est né de l'Esprit est esprit [1]... » Si Jésus parle de naître, c'est que Dieu est Père et qu'Il engendre : si Jésus nous veut enfants c'est qu'il nous faut demeurer en Dieu comme des fils, comme des petits divins. Mais ces réalités de filiation de naissance et d'enfance seront vécues sur le plan de la foi et du mystère. Jésus nous demande comme à Nicodème un saut dans l'invisible : « *Ne t'étonne pas* si je t'ai dit : Il vous faut naître d'en haut. Le vent souffle où il veut, et tu entends sa voix ; mais tu ne sais ni d'où il vient ni où il va. Ainsi en est-il de quiconque est né de l'Esprit [2]. Les valeurs ne sont pas gauchies vers l'absurde ; simplement Jésus fait éclater leurs limites, en les transfigurant dans sa propre vision. L'enfance qui dans la vie naturelle n'est qu'un état transitoire qui nous achemine à l'âge adulte. Si l'état de filiation et les liens de l'amour demeurent, l'état de dépendance totale et continuelle vis-à-vis des parents, le besoin vital de leur aide et de leur protection doit cesser. Dans la sphère de la grâce la prise de conscience grandissante de notre filiation divine appelle un état de dépendance croissante vis-à-vis du Père. Cette dépendance filiale qui tend à devenir totale, continuelle est l'état idéal, l'épanouissement dernier de toute la destinéee spirituelle. L'effort du chrétien ne consistera plus à dépasser cette nouvelle enfance, mais à

---

1. Jn 3, 6-8.

y tendre ; et seule une mort d'amour peut l'y stabiliser. Etre enfant dans l'Esprit, c'est prolonger indéfiniment l'acte unique par lequel le Père nous donne en Jésus sa Vie, c'est nous installer « à vie » à la source même de notre baptême. De celui-ci découlent en effet et notre grandeur de fils et notre radicale dépendance, notre élévation et notre humilité.

Chaque fois que le baptême fait un fils de Dieu, c'est une enfance spirituelle qui s'inaugure. Au moment où l'eau, symbole de l'Esprit, coule sur notre front, nous *recevons* le Royaume comme un don inouï de Dieu. Dieu opère en nous : nous le laissons faire et nous nous laissons faire ; c'est cette disposition d'impuissance et d'attente de Dieu que l'enfance spirituelle nous invite à éterniser en lui donnant la trempe de l'épreuve. « Sicut modo geniti infantes », dira saint Pierre. « Comme des enfants qui vienne de naître, désirez ardemment le pur lait spirituel afin qu'il vous fasse grandir pour le salut, si vous avez goûté que le Seigneur est bon[1]. »

Par ailleurs, ayant trouvé sa voie dans l'Evangile et longuement médité la passion du Seigneur, Thérèse ne pouvait oublier les données concrètes de notre marche vers Dieu. Certes, nous sommes ses enfants, mais des enfants ingrats, réduits depuis le péché d'Adam à l'état de pauvres et de mendiants. Non seulement nous partageons la condition du premier homme, recevant de lui une nature blessée et des tendance infléchies vers le mal, mais par nos propres péchés nous communions à sa faute. Thérèse sait que l'histoire de l'homme ne peut être maintenant qu'une histoire de salut et, avec une sûreté d'intuition étonnante, elle maintient souplement dans sa voie d'abandon trois axes essentiels : que le plan de la création a été brisé par l'homme, que seul le Verbe

---

1. 1 P 2, 2.

Incarné a inauguré le rachat, et qu'enfin notre sanctification doit tout à Dieu à qui nous adhérons par la foi.

Adam s'est éloigné du Père, Thérèse veut s'approcher de Lui ; il lui faut donc prendre une direction diamétralement opposée, ou plus exactement reprendre en sens inverse et dans la clarté de l'Esprit le chemin sur lequel Adam avait fui l'Amour. A l'esprit d'indépendance Thérèse oppose sa soumission. L'homme s'est cru le maître de la terre, alors que c'est Dieu qui la lui avait soumise ; il a pensé pouvoir se passer de Dieu, « être comme Dieu[1] », sans comprendre que seule son obéissance lui assurait la royauté sur cet univers dont il était le chantre. L'homme s'est révolté pour s'arroger une autonomie totale, et après s'être privé de Dieu, il s'est trouvé en lutte avec lui-même et avec toute la création. Thérèse, au contraire, a voulu demeurer une enfant ; elle ne sait plus se passer de Dieu, ne peut rien et ne veut rien sans Lui. Et loin de s'affranchir de la tutelle du Père, elle a recherché son joug, et l'a trouvé léger.

L'orgueil se trouve ainsi coupé à la racine. Adam, pour avoir renié ses limites de créature, a perdu l'amitié de Dieu. Thérèse, elle, a compris très tôt le paradoxe de sa puisance :

« Il rejette l'orgueil et prend de préférence
Un faible bras d'enfant[2]. »

Le Seigneur connaît notre pauvreté et n'attend, pour libérer son amitié, que l'aveu de notre péché et l'acceptation sans aigreur de nos faiblesses. Il Lui faut surtout des cœurs désencombrés qui accueillent sa plénitude : l'humilité, c'est l'espace de l'Amour.

1. Gn 3, 5.
2. « La Bergère de Domrémy écoutant ses voix » (RP 1, HA, éd. 1946, p. 451).

Pour Thérèse, « seul l'Amour compte[1] », l'égoïsme n'a plus de prise sur elle. Cette torsion maladive du vouloir de l'homme qui le replie sur soi, sur son intérêt, sur les joies immédiates et toujours décevantes, Thérèse la renverse dès le principe en choisissant comme unique objectif le plaisir de Dieu. Chez elle, nulle âpreté au gain, nulle fièvre dans la poursuite de Dieu. Seule, que pourrait-elle acquérir ou donner, puisque tout vient du Père ? « Qui a prévenu le Seigneur de ses dons pour devoir être payé de retour[2] ? » Dieu ne nous doit rien, c'est nous qui nous devons à Lui.

Suivre la voie d'enfance, c'est donc opérer ce retournement d'esprit que Jésus réclame dès sa première prédication, et qui prélude à toute entrée dans le Royaume : « Le temps est accompli. Et le règne de Dieu est proche ! Faites pénitence et croyez en l'Evangile[3]. » « Devenir, comme les petits enfants », c'est nous vider de l'égoïsme jouisseur pour laisser agir Dieu au plus intime de notre être ; c'est renoncer à ce besoin, si profondément ancré en nous, d'être seuls maîtres à bord pour aller où bon nous semble, décrétant au gré de nos caprices ce qui sera pour nous le bien et le mal. Par là l'enfance spirituelle, soumission spontanée au vouloir divin, constitue la réplique la plus objective et la plus radicale au péché d'Adam. L'homme s'est séparé de Dieu dans l'espoir de grandir. L'homme a voulu être quelqu'un, seul, et il s'est rendu captif ; Thérèse a choisi d'être à Quelqu'un, et en Dieu elle s'est libérée.

Mais rien ne nous coûte plus que de recevoir une âme d'enfant, même au sens spirituel où l'entendait Jésus, car tout le combat de notre existence nous entraîne en sens inverse à l'affirmation et au durcissement de la

1. Cf. NV 29. 9. 6, DE, *Annexes,* p. 409.
2. Rm 11, 35.
3. Mc 1, 15.

personnalité. Il faut déjà tant souffrir pour devenir humainement adulte et frayer la route aux hommes dans un monde qui n'est plus humain ! Proposer à un lutteur haletant un idéal d'enfant mal orienté, ce pourrait être une dérision ; et plus que toute autre, peut-être, notre époque y répondrait par la révolte, aggravant de blasphème l'ironie de Nicodème. Il importe de discerner ce qu'un tel sursaut peut cacher de santé chrétienne. Car Dieu a inscrit en nous la croissance comme une loi. De Jésus Lui-même l'Evangile nous affirme qu'Il « grandissait en sagesse et en taille et en grâce auprès de Dieu et des hommes[1] ». Bien plus, cette croissance nous est présentée comme le premier devoir du Fils de Dieu... « Cependant l'enfant grandissait et se fortifiait, se remplissant de sagesse. Et la grâce de Dieu était sur lui[2]. » Dans l'ordre de la nature comme dans celui de la grâce, il nous faut donc quitter les langes et les balbutiements : « Lorsque j'étais enfant, dira saint Paul, je parlais comme un enfant, je pensais comme un enfant, je raisonnais comme un enfant, lorsque je suis devenu homme, j'ai laissé là ce qui était de l'enfant[3]. » Thérèse le sait qui a écrit : « Ce fut le 25 décembre 1886 que je reçus la grâce de sortir de l'enfance, en un mot la grâce de ma parfaite conversion[4]. »

Cet épanouissement progressif, qui doit nous conduire jusqu'à la « pleine stature du Christ[5] », est d'ailleurs ordonné au service du corps tout entier ; « Je vous ai établis afin que vous alliez, que vous portiez du fruit et que votre fruit demeure[6]. » Aussi bien une

1. Lc 2, 52.
2. Lc 2, 40.
3. 1 Co 13, 11.
4. Ms A, 45 r°.
5. Ep 3, 13.
6. Jn 15, 16.

telle maturation homogène du chrétien ne peut tourner qu'à la gloire de Dieu, qui a créé par amour et pour l'amour.

Il ne s'agit pas de stopper artificiellement en nous tout élan d'homme et tout enthousiasme. La tentation n'est pas illusoire, pour des êtres pusillanimes, de déguiser en enfance spirituelle une banale peur de vivre ou une fuite inconsciente des responsabilités de l'adulte. Traverser la vie comme à gué, sans plus de bagage que les soucis d'un collégien, serait facile, mais bien pauvrement humain, et si peu rédempteur! Il existe un devoir de vieillir, car Dieu nous a immergés dans le temps pour y monnayer en amour notre liberté. Et ce que Jésus condamne au nom de l'enfance spirituelle, ce n'est pas le développement harmonieux des virtualités de l'homme, mais leur développement anarchique aux dépens de l'unique nécessaire.

Pourtant, dans l'économie de la rédemption, le passage à la pleine stature du Christ n'est assuré — paradoxalement — que par un mouvement continu de dépossession, celui-là même que la « petite voie » a transcrit dans notre alphabet de misères. Il nous fait bondir constamment au-dessus des hasards de notre histoire humaine, pour communier dès ici-bas au présent éternel du Père qui déjà œuvre en nous. Sur le plan humain, notre vie tend à son achèvement par addition d'actes de plus en plus riches. Dans la perspective supérieure du Royaume, toute l'exubérance de la gloire qui nous est promise gonfle déjà le germe du baptême. Il n'est que de laisser agir Dieu et de répondre instant par instant à son amour par l'humilité et la confiance. Le Père ne nous demande pas d'accumuler des trésors qui rouillent, mais d'agrandir chaque jour notre âme, silencieusement, aux dimensions de Ses trésors impérissables. « Mille ans pour Lui sont comme un jour[1] », et toute notre vie n'est à ses yeux qu'une journée d'enfant, avec ses rires et ses larmes, où l'amour découpe patiemment notre maquette d'éternité.

Il ne peut y avoir de contradiction entre le progrès humain que Dieu nous impose et la condition d'enfant où Il veut nous voir demeurer. Car l'enfance dans l'Esprit n'est statique qu'en apparence : en fait elle est le « co-efficient » d'humilité et de confiance qui affecte chaque tranche instantanée de notre durée. En Dieu demeurer, c'est grandir... Là réside le miracle de la fraîcheur chrétienne, de cette jeunesse inflétrissable d'une sainte Thérèse, puisée à l'eau vive du torrent de Dieu. « Ne t'étonne pas[2]... », dit Jésus. Ne nous étonnons pas que l'enfance spirituelle paraisse secouer nos catégories de temps, puisqu'elle se donne pour tâche d'anticiper l'éternité.

« *Demeurez* dans mon amour[3]... » ; or l'amour est *exode* incessant.

Jésus savait ce qu'il y avait dans l'homme, et la puissance de cet orgueil qui le clouait à la croix. Il savait que l'Evangile prendrait le péché à contre-courant et que le pécheur se sentirait soudain désarçonné et sans appui. Aussi ne s'est-il pas contenté de montrer du doigt l'idéal d'enfance ; il a voulu en être le vivant exemple.

Tout ce que Thérèse a inclus dans sa voie d'enfance, Jésus, qui est la Voie et l'Unique Enfant, le tirait de sa filiation. Seules, en effet, les relations d'amour du Fils au Père épuisent l'enfance dans l'Esprit.

« La vie éternelle, c'est qu'ils te connaissent, toi le seul vrai Dieu... le Père demeurant en moi, accomplit

1. Ps 90, 4. Ms C, 3 r°.
2. Jn 3, 7.
3. Jn 15, 9.

ses œuvres. Croyez m'en : je suis en le Père et le Père est en moi[1]... »

Tout l'Evangile n'est autre chose que le portrait du Père. C'est cela précisément que Thérèse y a trouvé ; et comme tout ce qui est révélé du Père implique une attitude correspondante de l'enfant, la vie chrétienne se trouvait gravée en creux par la seule impression en elle du visage de Dieu. Jésus nous demande de vivre comme des fils, misérables sans doute, mais infiniment aimée. De ce carrefour des béatitudes partira la « petite voie » de Thérèse. *Per vias rectas,* droit vers le ciel. Joie de l'abandon, malgré l'épreuve, malgré la lourdeur du péché ; confiance éperdue de l'enfant prodigue et de l'aveugle, humilité du serviteur inutile : telle est la ligne de conduite que Thérèse a décalquée sur l'Evangile.

Quelques heures avant de mourir Jésus, le Maître et Seigneur, voudra se faire encore le serviteur de tous, il se mettra à genoux pour laver les pieds des orgueilleux. « Je vous ai donné un exemple, afin que vous agissiez vous aussi comme j'ai agi envers vous. En vérité, en vérité, je vous dis, un serviteur n'est pas plus grand que son seigneur, ni un envoyé plus grand que celui qui l'a envoyé. Si vous savez cela, heureux êtes-vous si vous le faites[2]. » C'est une dernière Béatitude, celle du Serviteur, de l'humble, donc de l'enfant.

Et quand Jésus aura donné son Corps et son Sang en nourriture, alors que déjà Judas le trahissait dans la nuit, Il pourra dire enfin à ses disciples les mots qui depuis si longtemps lui brûlaient le cœur : « *Petits enfants,* c'est pour peu de temps que je suis encore avec vous... Je vous donne un commandement nouveau, c'est que vous vous aimiez les uns les autres[3]. »

1. Jn 17, 3 ; 14, 11.
2. Jn 13, 15-17.
3. Jn 13, 33.

Mourant, Jésus n'avait plus rien à donner : Il nous avait livré tous ses secrets de Fils. Mais il nous livre encore le secret de sa Mère, son amour et sa transparence. Il nous donne sa mère, non pas à garder, mais à regarder ; car en la voyant nous verrons comment elle a vu Dieu ; et cela seul importe. Dieu nous offre en sa Servante le modèle de l'humilité, dans la Vierge le modèle de l'abandon. Et celle qui introduit Dieu dans le monde reçoit mission de nous introduire dans le monde de Dieu, et de modeler en nous l'enfant qu'elle a été, l'Enfant qu'elle a porté. Sans doute ne verrons-nous jamais mieux les traits de Jésus que dans les yeux de celle qui L'appelait : mon fils. Le premier-né d'une multitude de frères [1]...

III. LE CŒUR DE L'ÉGLISE

« Dans le cœur de l'Eglise ma Mère, je serai l'amour [2]. » Cette formule si dense que Thérèse nous a transmise comme le programme de toute sa vie, peut apporter la paix qu'elle y puisa. Thérèse se faisait une haute idée de l'apostolat missionnaire et des dimensions de l'Eglise ; elle aurait aimé au loin prêcher, convertir, donner son sang pour le Seigneur, comme tant d'autres dont le souvenir la poursuivait. Et pourtant la volonté de Dieu et son amour l'avaient enclose dans les murs d'un Carmel. Incohérence divine ? Gaspillage de parfum ? Un Judas l'aurait dit, jamais Thérèse ne l'a pensé. Prisonnière de l'amour, mais prisonnière par amour, jamais elle ne vit ses immenses désirs comprimés ou étriqués par la solitude. Au contraire, réduite au cœur à

---

1. Lc 2, 48. Lc 2, 7. Cf. HA, p. 386 : « Pourquoi je t'aime, ô Marie. »
2. Ms B, 3 v°.

cœur du désert avec son Dieu, et libérée par là même, Thérèse communie de plus en plus étroitement au dessein rédempteur et à son universalité. Adhérant dans le silence à la simplicité de Dieu, Thérèse montait insensiblement en Lui, découvrant le monde de plus en plus haut dans le regard même du Seigneur. En même temps grandissait son champ d'action, au-delà de toute efficience matérielle, car Jésus œuvrait dans son impuissance : en Lui elle avait trouvé sa *dimension d'Eglise*.

L'Eglise, pour Thérèse, est avant tout une mère. Que l'on ôte à une mère ses yeux pour sourire, ses bras pour consoler, ses mains pour soulager, il lui restera l'essentiel de sa mission et de son être : elle a donné la vie, et elle aime cette vie qui est partie de sa chair.

Le cœur d'une mère est un écho toujours frémissant : la mère devine tout avant que l'enfant parle, elle pressent les souffrances, les larmes qui vont jaillir, elle lit la détresse dans un regard qui se dérobe. Aucune chute ne l'étonne, aucune plaie ne la repousse, car toute chair qui saigne reste toujours un peu la sienne, et toute faiblesse est un appel à son amour ; une mère enfante toute sa vie. Cette puissance de compassion et d'accueil fait d'elle le lien vivant de la famille ; en elle se nouent et s'harmonisent les destinées de ceux qu'elle a donnés au monde. Ses enfants font leur vie à partir d'elle, sans toujours mesurer ce qu'ils lui doivent ; mais ils peuvent bien marcher des années sans se retourner, une providence inquiète les suit, les soutient et les encourage, un cœur de mère où retentissent leurs joies et leurs espérances.

Ainsi de l'Eglise. Elle est à la fois une chaude atmosphère maternelle, où les plus petits sont les plus aimés, et un foyer d'expansion. Jusqu'à la fin des temps les baptisés recevront par elle la vie, la lumière et la nourriture ; et jusqu'au retour de Jésus résonneront en elle les drames et les fiertés de l'homme, comme aussi les tâtonnements de l'histoire. Mais elle peut tout contenir et tout assumer, car le cœur de l'Epouse n'a d'autres limites que l'immense amour de l'Agneau. Et dès aujourd'hui dans le Mystère, elle tisse le Royaume, faufilant sur la trame immuable du vouloir divin la gamme infiniment variée des vocations.

Vivre dans le cœur de l'Eglise, c'est rejoindre d'emblée, dans toute son extension et sa richesse, le dessein du salut ; c'est épouser le rythme de ferveur et d'élan, d'accueil et de mission, qui traduit dans le temps et l'espace l'amour de Dieu. Thérèse a voulu saisir cette force de sanctification de l'Eglise, à l'état naissant, telle qu'elle fuse du Cœur de Jésus. Certes, tout baptisé, du fait de son agrégation personnelle au Corps Mystique, participe à cette réalité dynamique qui sans cesse nous soulève jusqu'au Père. Mais c'est bien un trait de génie spirituel de la part de la sainte de Lisieux, que d'avoir vécu cela en pleine conscience et surtout d'y avoir découvert le point d'insertion providentiel de tous les êtres, si seuls et pauvres soient-ils. Pour avoir noyé ses limites dans le cœur de l'Eglise, elle a pu ramasser dans la pauvreté de son cœur humain l'universalisme du rachat. Privée de toute richesse palpable dans le domaine de l'action, et sans autre arme que son amour, elle s'immerge en pure foi dans la Sagesse multiforme du père, sûre de participer immédiatement à sa puissance.

Sa réussite demeure pour nous tous un appel. Thérèse est venue nous rappeler que notre sanctification et celle du monde est un enfantement de tous les jours. Point n'est besoin d'être fort ou doué pour *être* d'Eglise et servir sa cause, pour *être* la lumière du monde et le sel de la terre. Nous ne sommes pas une Eglise de puissants, mais de pécheurs et de faibles : car Jésus est venu sauver ce qui était perdu. De quels carrefours ne nous a-t-il pas ramenés pour manger à la table du Père : boiteux, aveugles, infirmes ? Qu'importe ! Le Royaume de Dieu ne connaît d'autre monnaie que la charité : sous la robe nuptiale toutes nos laideurs disparaissent, et les choses ne gardent jamais aux yeux de Dieu que le poids d'amour qu'elles enferment. Aussi bien n'avons-nous pas au ciel « un grand prêtre impuissant à compatir à nos infirmités ; pour nous ressembler il les a toutes éprouvées, hormis le péché[1] ». « Il a dû être fait semblable en tout à ses frères, afin d'être un Pontife miséricordieux et qui s'acquittât fidèlement de ce qu'il faut auprès de Dieu pour expier les péchés du peuple ; car, c'est *parce qu'*Il a souffert, et a été lui-même éprouvé, qu'il peut secourir ceux qui sont dans l'épreuve[1]. » De même notre faiblesse fait partie de notre « sacerdoce royal » de baptisés[2], pour autant qu'elle nous met à l'unisson de l'espérance du monde.

Notre rayonnement apostolique dépend donc en définitive beaucoup moins des conditions de vie dans lesquelles Dieu nous a placés, ou des qualités de notre action, que de la foi et de la confiance qui nous font présentement répondre à son amour. Sauvés par amour, nous ne sauverons que par l'amour ; voilà le réalisme spirituel que Thérèse a rajeuni pour nous. Elle l'a vécu avec cette sorte de hâte et d'exclusive que seuls les saints connaissent. Certes, le Seigneur l'ayant sevrée très tôt de toute prise humaine sur les foules, elle a pu plus rapidement miser sa vie sur l'amour seul ; mais tout

---

1. He 4,15 ; 2,18.
2. C'est ainsi que saint Pierre, dans sa première épître, décrit notre rôle d'intercesseurs : « Vous, vous êtes une race choisie, un sacerdoce royal, une nation sainte, un peuple que Dieu s'est acquis afin que vous annonciez les perfections de Celui qui vous a appelés des ténèbres à son admirable lumière » (1 P 1,9).

baptisé qui se laisse emporter par l'Esprit qui l'a confirmé, dispose au même titre du Cœur du Christ. Et si nous sommes fils de Dieu dans la mesure où l'Esprit nous conduit, toutes les vocations convergent et se complètent dans le Cœur de l'Eglise, puisque dans une fidélité absolue à la grâce, il s'agit beaucoup moins de travailler ou de contempler, d'agir ou de ne pas agir, que d'*être agi* par Dieu.

Le rôle que Thérèse joua dans l'Eglise par son amour, ne supprime pas les autres ; il les suppose au contraire, mais il reste indispensable pour que les apôtres, les témoins et les martyrs trouvent dans le Corps Mystique la force d'espérer et de tenir jusqu'au bout. A mesure que la doctrine thérésienne sur l'abandon est connue et vécue, elle apparaît de plus en plus comme l'antidote providentiel aux difficultés de notre temps. Il semblerait même parfois que la carmélite pressentait obscurément l'angoisse et les besoins de notre monde en gestation, et qu'elle eût voulu les contenir dans les limites de sa brève existence. Qui dira aussi l'enrichissement que cette doctrine nous réserve encore en bien des domaines ? Il se pourrait qu'elle apporte à la pensée moderne un regain de santé, par un accueil des limites de l'homme, par un oui délibéré à la condition de créature. L'eschatologie gagnera sans doute au contact de ce réalisme qui met en valeur la liberté des rachetés et l'amour de l'instant présent. Et déjà la mystique a fait sienne l'orientation résolument évangélique de l'amour que Thérèse lui a léguée.

La mission de Thérèse intéresse tous les chrétiens. Elle rappelle à ceux que Dieu attire au cloître la fécondité de la contemplation apostolique ; aux apôtres jetés dans la mêlée, la primauté de leur union à la Vigne, de cette passivité devant Dieu où, dans le mystère, se nourrit toute action profonde ; comment, sans cela, parler du Seigneur comme d'un ami, avec une foi contagieuse ? A ceux que la maladie condamne à l'inaction ou que la persécution déshumanise lentement, elle apporte la certitude d'une efficience surnaturelle qui peut faire d'eux les plus grands dans le Royaume. A tous enfin, quels que soient l'écrasement du travail ou son obscurité, quelles que soient les souffrances du témoignage, Thérèse redit l'appel universel à l'intimité de Dieu. La perfection est une démarche étonnamment simple, encore qu'elle réclame une fidélité sans faille. Il suffit de choisir Dieu parce que Dieu nous a choisis. Mais il faut voir comme Il voit et vouloir ce qu'Il veut. Devenir un saint n'est pas une chance, c'est une préférence. A tous Thérèse montre « l'unique nécessaire [1] », qui est d'assiéger le Cœur de Dieu au nom et à la place de ceux qui Le refusent, par une prière sans impatience et sans caprice ; d'*être* en tout lieu et en toute circonstance le « transformateur » divin, l'homme re-né de l'eau et de l'Esprit, capable en tout ce qu'il est d'offrir les hommes au regard miséricordieux du Sauveur, pour permettre à Celui-ci de les assumer et de leur donner un nom éternel.

Ainsi fit Marie, de Nazareth au Calvaire jusqu'à son Assomption, s'ouvrant sans cesse aux dimensions inouïes de sa maternité. Car la sanctification ne saurait être uniquement une promotion individuelle : elle est toujours une œuvre d'ordre ecclésial. On ne peut s'approcher de la Tête sans se voir emporter au service du Corps. Et Thérèse, en inscrivant volontairement sa vocation dans le Cœur de l'Eglise sa Mère, liait son destin éternel à celui de Marie qui, par sa communion invisible au Christ, réalise le type de l'Eglise et dessine pour nous dans le ciel sa perfection anticipée. En ce sens

---

1. Cf. Lc 10, 42.

le rôle que Thérèse a trouvé dans l'Eglise n'est que le couronnement de sa vie mariale ; et maintenant qu'elle a rejoint sa Mère dans la gloire, sans doute Notre-Dame s'est-elle plu à lui confier un reflet de sa maternité, celui qui a fait lever dans le monde entier une multitude d'êtres, voués à délivrer l'Amour.

La seule chose en effet que le Seigneur recherche pour sa gloire, et dont il ait réellement besoin pour le salut du monde, ce sont de « tels adorateurs en esprit et en vérité [1] », des êtres en qui Il vive et agisse librement, des « humanités de surcroît [2] » en qui Il puisse renouveler pleinement son Mystère.

---

1. Jn 4, 23-24.
2. Selon l'expression de Sœur Elisabeth de la Trinité (*Souvenir*, p. 380 : P. PHILIPON, o.p., *La doctrine spirituelle de Sœur Elisabeth de la Trinité*, p. 171).

TABLE DES MATIÈRES

Préface de Mgr Guy Gaucher 9
Introduction 15
Sigles utilisés 23

LA PRATIQUE

Chapitre I. — Thérèse dans son milieu de vie 27
  I. Une doctrine vivante 31
  II. L'atmosphère du noviciat 35
  III. Thérèse au service du noviciat 40

Chapitre II. — L'intention de Thérèse . . . 51
  I. La recherche de « Jésus seul » dans la vie de Thérèse. 52
    Désir d'aimer Jésus et de le faire aimer à tout prix, 54. – Par la fidélité à sa vocation propre, 57.
  II. La recherche de « Jésus seul » dans les contacts humains. 59

Chapitre III. — Le secret de l'action de Thérèse 65
   I. Le secret de Thérèse dans sa vie 65
      1. En restant petite, 72. – 2. En s'offrant à l'amour, 73.
   II. Le secret de Thérèse dans ses relations avec les novices 75

L'ENSEIGNEMENT

Chapitre IV. — Les exigences de l'enfance évangélique 87
   I. Désir de Dieu.................... 87
   II. Liberté 90
   III. Renoncement.................... 95

Chapitre V. — La foi en l'Amour, fondement de la voie d'enfance 105
   I. L'amour auquel croit Thérèse 105
     Amour personnel 106. – Amour infini, 108. – Amour gratuit, 108. – Amour qui réclame l'amour, 109.
   II. La foi en l'Amour 110
   III. Les conseils de Thérèse............. 114
     1. Le regard de foi sur l'Amour, 115. – 2. Tout transformer en amour, 116.

Chapitre VI. — L'offrande à l'Amour, engagement définitif................. 121
   I. L'Amour miséricordieux............. 121
   II. L'offrande à l'Amour............... 127
   III. La vie nouvelle 130

Chapitre VII. — Le mouvement d'abandon 140
  I. Le courage de l'abandon 141
  II. Expérience progressive du mouvement d'abandon 144
  III. Les lignes de force du mouvement d'abandon 148
  1. Un regard objectif, dans la lumière de Dieu, 148. – 2. Reconnaître et assumer, 150. – 2. S'offrir, 152.
  IV. Unité concrète du mouvement d'abandon . . 156
  V. Authenticité spirituelle du mouvement d'abandon 162

Chapitre VIII. — Le cœur de l'Église 169
  I. Le cœur théologal 170
  II. Le cœur évangélique 180
  III. Le cœur de l'Église 191

Dans la collection « Trésors du christianisme » :

François de Sales : *Introduction à la vie dévote*
Guy Gaucher : *Histoire d'une vie : Thérèse Martin (1873-1897)*
Irénée de Lyon : *La Gloire de Dieu, c'est l'homme vivant*
Henri-Dominique Lacordaire : *Vie de saint Dominique*
Bartolomé de Las Casas : *L'Évangile et la force*
Louis-Albert Lassus : *La Prière est une fête*
Jacques Lœw : *Comme s'il voyait l'invisible*
Marcel Neusch : *Initiation à saint Augustin, maître spirituel*
Bernard Nodet : *Jean-Marie Vianney Curé d'Ars*
Benoît de Nursie : *La Règle de saint Benoît*
Pie Raymond Régamey : *Portrait spirituel du chrétien*
Victor Sion : *Le Réalisme spirituel de Thérèse de Lisieux*
Sulpice Sévère : *Vie de saint Martin*
Syméon le Nouveau Théologien : *Prière mystique*
Tertullien : *Le Baptême*
Thérèse de Lisieux : *Lettres à mes frères prêtres*
Thérèse de Lisieux : *Une tendresse ineffable (Pensées I)*
Thérèse de Lisieux : *Aimer jusqu'à mourir d'amour (Pensées II)*
Thérèse de Lisieux : *Les Yeux et le cœur (Pensées III)*
Thérèse de Lisieux : *Qui a Jésus a Tout - Prières et poésies*
René Voillaume : *Prier pour vivre*
Maurice Zundel : *Croyez-vous en l'homme ?*

ÉDITION CRITIQUE
DES
ŒUVRES COMPLÈTES
(Textes et Paroles)
DE
SAINTE THÉRÈSE DE L'ENFANT-JÉSUS
ET DE LA SAINTE-FACE

Nouvelle Édition du Centenaire, 1992 (8 volumes) :
Manuscrits autobiographiques, 460 pages ;
Correspondance générale, 2 vol., 598 et 1 448 pages ;
Poésies, 592 pages ;
Derniers entretiens, 926 pages ;
Dernières paroles, 504 pages ;
Récréations pieuses, Prières, 634 pages ;
La première « Histoire d'une âme », 210 pages.

Œuvres complètes en 1 volume, 1992, 1 600 pages.

Achevé d'imprimer en avril 2009
sur les presses numériques de l'Imprimerie Maury S.A.S, 12100 Millau
N° d'impression : D09/43470L – N° d'édition : 14448 – Dépôt légal : avril 2008